大塚ひかり
Hikari Otsuka

くそじじいと
くそばばあの
日本史

長生きは成功のもと

ポプラ新書
222

くそじじいとくそばばあの日本史
長生きは成功のもと／目次

はじめに　長生きは成功のもと！　9
……長生きリスクをチャンスに変えた爺婆たち

1　「長生き」は最高の政治戦略だ　14
……家康があと一年早く死んでいたら徳川政権はなかった

2　卑弥呼はばばあだった？　24
……七十代後半で政権トップに君臨していた推古天皇と蘇我馬子の爺婆コンビも

3　鎌倉初期、一族を繁栄・安泰に導いた女地頭がいた　37
……九十一歳まで生きた、源頼朝の乳母・寒河尼（寒川尼）

4　本格始動は六十代後半以後、安倍晴明　50
……日本最強の陰陽師の老獪さ

5　不安じじい藤原定家と『百人一首』の謎　60
……病苦が大業を成す後押しをした

6　結局、最後に勝つのは長生き　72
……「天皇の父」となったダークホースじじい後崇光院の逆転人生

7　憎悪を吐き出し、老い支度　84
……七十に及んで『三河物語』を書いた大久保彦左衛門の恨み節

8　恋もファッションも年甲斐なくて幸せなばばあ　100
……六十近くで二十歳そこそこの若者たちとセックス

9 世界でもまれな爺婆の色事を描いた江戸の春画
……長生きすればカップルも楽しい 111

10 伊能忠敬の遅咲き人生
……隠居後、諸国巡りで地図作りの大仕事 119

11 シーボルトの見たスーパーじじいたち
……かくしゃく老侯・島津重豪、アイヌに同情した最上徳内、神医・土生玄碩 127

12 江戸の同性愛じじい、男色をしてみたかった老士、長寿の秘訣など 137

13 老いて人を笑わせる「力わざ」発揮
……清少納言の父と、戦国生まれの落語の元祖 146

14 八十過ぎて歌合参加の平安女流文学者たち
……すべてを手に入れた赤染衛門、リア充ばばあ大弐三位 155

15 こじらせの天才馬琴、八十過ぎて大活躍の京山、執念の出版と遺書執筆の牧之
……「こじらせじじい」たちの三つ巴 165

凡例

＊本書では、古典文学、史料から引用した原文は〃〃で囲んであります。
＊〃〃内のルビは旧仮名遣いで表記してあります。
＊引用した原文は本によって読み下し文や振り仮名の異なる場合がありますが、巻末にあげた参考文献にもとづいています。
ただし読みやすさを優先して句読点や「　」を補ったり、片仮名を平仮名に、平仮名を漢字に、旧字体を新字体に変えたりしたものもあります。
＊古代・中世の女性名は正確な読み方が不明なものが大半なので、基本的にルビはつけていません。
＊引用文献の趣意を生かすため、やむを得ず差別的な表現を一部使用している場合があります。
＊敬称は、面識のある人などのほかは、基本的に略してあります。。
＊とくに断りのない限り、現代語訳は筆者によるものです。
＊系図は参考資料をもとに筆者が作成しています。
＊年齢は数え年で記載しています。

はじめに　長生きは成功のもと！
……長生きリスクをチャンスに変えた爺婆たち

右を向いても左を見ても、都会も田舎も年寄りだらけの現代日本。

高齢者の激増に伴って、老害、長生きリスク、暴走老人等々、老いのマイナス面が取り沙汰されるようになりました。

〝命長ければ辱《はぢ》多し〟（『徒然草』第七段）

七百年近く前、兼好法師は言ったもので、長生きすればするほど事故にあったり病気にかかったりする確率は高まり、恥をかいたりかかされたりといった目に遭遇する機会も増えていきます。

長生きにリスクがつきものなのは今も昔も変わらないのです。

医療も福祉もアンチエイジングも発達していない時代であればなおのこと、介護のために人を雇うのにも大変な苦労があったでしょう。

〝みにくき姿〟となる老齢まで生きて何になる、〝長くとも四十《よそぢ》に足《た》らぬほどにて死なんこそ、めやすかるべけれ〟（同）というように、早死にするに越したことはないと兼好法師が主張するのも理解できます。

彼が『徒然草』を書いたのは五十歳前後と言われますが（諸説あり）、〝病にをかされぬれば、その愁忍《うれへしの》びがたし〟（第一二三段）と言い、〝よき友三つあり〟としてその一つに〝医師《くすし》〟（第一一七段）をあげていることからすると、病に苦しんでもいたのでしょう。

なかなか良い医者と巡り会えず、行きたい病院は紹介状が必要でかかることができず、病院選びに苦労している私としては、大いに膝を打つところです。

ちなみにあとの二つは〝物《もの》くるる友〟と〝智恵《ちゑ》ある友〟。これまた年金暮らしの人であれば、共感を覚えるところでしょう。

さげすまれても踏まれても

そんなふうに早死にを願った兼好法師、最近の研究では七十代後半まで生きていたといいます（小川剛生『兼好法師――徒然草に記されなかった真実』）。

実は、前近代の平均寿命の低さは、乳幼児の死亡率の異常な高さによるもので、七十歳以上まで生きる人もまれではありませんでした（鬼頭宏『人口から読む日本の歴史』）。

令《りょう》（今の民法）で定められた致仕《ちじ》（辞職がゆるされる年）も七十歳以上。

だからこそ昔も長生きリスクがあったわけです。

一方で、時間をたくさん持っているということはチャンスに恵まれているということでもあります。

「時は金なり」ということわざがありますが、「時」にそれほどの価値があるのなら、時間をたくさん持っている者ほど豊かということになる。

時が金なら年寄りは大金持ちと言えるでしょう。

それは冗談にしても、生前は歌人として名のあった兼好法師だって、六十代後半になっても勅撰集に歌が撰ばれているんですよ（それ以前にも撰ばれていますが）。

歴史を見ても、七十、八十を過ぎ、家族にうとまれ嫌われながら、仲間と喧嘩をしたりいがみ合ったりしながら、はたまた病苦にさいなまれながら、偉業を成したり高い地位についたり性愛を楽しんだりしている爺婆が多数実在しました。

逆に、あともう一歩寿命が届かなかったために、天下を逃したり、大業を遂げられなかったりということもあるんです。

同じレベルの才能なら、少しでも寿命が長いほうがトク。

政治家も芸術家も、事を成すのにいかに寿命というものが大事であったかが、本書を読めば分かるはず。

長生きと、それに伴う老いや病がかえってモチベーションを上げた爺婆さえいるのです。

失敗は成功のもとならぬ、「長生きは成功のもと」なんです。

本書では、そんな長生き利得を活用した歴史上のくそじじいとくそばばあをご紹介します。

それによって、今年（二〇二二年）数えで六十二歳の、膝も目も歯も心も弱っている、私自身が励まされたい、これからの人生に希望を持ちたいのです。

ほめことばとしての「くそ」

と、その前に断っておきますと、本書では「くそじじい」「くそばばあ」というのは、基本的にほめことばです。

「くそ」はうんこを意味し、現存する日本最古の文学『古事記』にも出てくる古いことばですが、「奇しきもの」「霊妙なもの」にも通じ、神話には神のくそから生まれた神々も登場します。

恋も色気も厳粛な気分もぶち壊しにする破壊力に加え、それ自体が肥やしとなって新たな命を生み出す創造力をもあわせ持つ「くそ」に、古代人は魔除けパワーを見出して、名前につけていたほどです（拙著『うん古典——うんこで読み解く日本の歴史』）。

そうしたプラスとマイナスの振れ幅の大きいパワフル・ワードとして、本書では「くそ」という語を使用しています。

ということで、皆様もどうぞご一緒に、時に小ずるく、時に「老い」を口実にしながら、弱る足腰や病に苦しみながらも、したたかに生き抜いた、くそ爺婆の世界をお楽しみください！

1　「長生き」は最高の政治戦略だ

……家康があと一年早く死んでいたら徳川政権はなかった

繁栄にとって一番大事なものは「長生き」……日本の歴史を見ていると、そう感じることが多々あります。

もちろん、前近代は、今よりずっと平均寿命は短いものでした。

しかし実は、昔の平均寿命が短いのは、乳幼児期の極端な死亡率の高さによります。「死亡率の高い危険な年齢を過ぎると、平均余命は案外長く、七〇歳以上の長寿者もまれではなかった」（鬼頭宏『人口から読む日本の歴史』）のです。

そんな中、とくに政治の世界では、少しでも長く生きたほうが、権力を手にする可能性も高く、その権勢を盤石のものとすることができました。

逆に言うと、早死にしてしまえば、志半ばとなったり、他氏に権勢を奪われることになったりもするわけです。

奈良時代、藤原氏の権勢が弱まったのは、七三七年、疫病で藤原四兄弟がばたばたと死んだためでした。

平安中期、藤原道長が栄華を手にしたのも、九九五年、道隆、道兼という兄たちが立て続けに死んだからです。

少しでも長く生きることは、権力を握るパスポートだったのです。

あと一年死ぬのが早かったら、徳川政権はなかった

こうしたことを肝に銘じて長生きを目指していたのが徳川家康（一五四二〜一六一六）ではないか。

家康というと、私世代は、「♪生まれた時から重荷をしょって」というテーマソングの「少年徳川家康」というアニメを思い出すんですが、家康は幼少時、人質に出されたり、望まぬ年上妻を押しつけられたり（同年説もあります）、織田信長に命じられ長男・信康を切腹させる羽目に陥ったり（自分の意志で切腹させたという説もあります）、その前半生は苦難の連続。豊臣秀吉（一五三六〜一五九八。生年は諸説あり）の死後、一六〇〇年の関ヶ原の戦いで勝利して家康は権力を手に入れるものの、豊臣家には秀頼とその母・淀殿（浅井茶々）がいて、西日本では圧倒的な存在感を誇っていました。

そんな豊臣氏の滅亡につながった大坂夏の陣が一六一五年四月、家康が死んだのはその翌年一六一六年四月です。時に七十五歳。

徳川家康があと一年早く死んでいたら、秀吉がもう少し長く生きていたら、徳川幕府は成立しなかったでしょう。秀吉の子・秀頼（一五九三～一六一五）の人気は大変なもので、一六一一年、京都の二条城で秀頼が家康と対面した際は、京都中の男女が城の広庭に集まって、秀頼を拝して涙し、声を上げて泣いたといい、家康自身も秀頼のことを「カシコキ人ナリ」と本多正信に述べたといいます（福田千鶴『淀殿――われ太閤の妻となりて』）。

この時、秀頼十九歳。家康は七十歳でした。年齢的に自分はいつ死ぬかも知れない身。もしも死んでしまったら、豊臣系の大名たちは、家康の子の秀忠（一五七九～一六三二）よりも、「秀頼との主従関係をより強める方向に進んでいく」（笠谷和比古『徳川家康――われ一人腹を切て、万民を助くべし』）のは避けられない……そんな家康の危機感が、一六一四年十月の大坂冬の陣、続く一六一五年四月の夏の陣につながったに違いありません。

結果的には、ここで豊臣家を滅ぼしておいたおかげで、翌年、家康が死んでも、徳川家は安泰だった。

まさにタッチの差。

家康がじじいになるまで生き延びたおかげで、十五代二百五十年以上に及ぶ徳川政権につながったわけです。

家康のタヌキオヤジぶり

この家康はしばしば「タヌキオヤジ」と呼ばれ、その老獪な政策が批判されがちです。

有名なのが方広寺鐘銘《しょうめい》事件、そして大坂城の堀埋め事件です。

方広寺鐘銘事件とは、一六一四年七月、秀頼が復興した方広寺の鐘に「国家安康」「君臣豊楽」という銘文があったため、家康が「家と康を分断することで徳川家を呪詛している」と難をつけた紛争のことで、大坂冬の陣の原因となったものです。私の高校の先生は「いちゃもん」と言っていたものですが……。

笠谷和比古によると、これは「徳川方によるこじつけ的な事件化ではなくて」、撰文者の意識的な修辞的表現であり、「呪詛の嫌疑を受けても致し方のない」行為であるといいます（『関ヶ原合戦と大坂の陣』）。笠谷氏の指摘するように、むしろ問題はそこからで、この事態を「好機到来」ととらえた家康は、鐘銘問題の大坂からの弁明使者として赴いた片桐且元《かたぎりかつもと》には厳しく揺さぶりをかける一方で、淀殿が遣わした女の使者たちは丁重に扱った。このように豊臣方の内部分裂をはかった上、解決策としては、淀殿か秀頼を江戸に下向させるしかない等の条件を且元が発したため、淀殿は激怒。

こうして同年十月大坂冬の陣が起き、徳川軍が大坂城を包囲する中、豊臣方につく大名は一人もなく、豊臣勢は長宗我部盛親《ちょうそかべもりちか》、後藤又兵衛といった牢人（浪人）のほか、名も知られていない牢人千人あまりを金銀で雇って籠城させるという有様でした（曽根勇二『大坂の陣と豊臣秀頼』）。

その後、徳川方の主導で和議が成され、豊臣方は大坂城の城破《しろわり》（城割）を講和条件としてのむことになります。

城破とは、敗者が勝者に服従の意を示し、それを世間にも知らせるために城郭を破却することで、破却は命じられた側が自ら行い、城郭施設の堅牢な土塁・堀などは「部分的に破壊する儀礼的、象徴的な行為」を以て城郭の破却と見なす慣習でした（伊藤正義「破城と破却の風景――越後国「郡絵図」と中世城郭」……藤木久志・伊藤正義編『城破りの考古学』所収）。

豊臣方はこうした儀礼的な城郭破却と考えていたところ、徳川方がすべての堀を埋めたため、大坂城は裸城になってしまった。そのため翌一六一五年の夏の陣ではわずか数日で落城、豊臣家は滅亡することになるのです。

こうした家康のだまし討ちとも言える術策は、人を化かす「タヌキ」さながらで、いつしか「タヌキオヤジ」の名で呼ばれるようになったのもうなずけます。

けれど、最小限の労力で勝ちを取りに行くことは戦の基本ですし、家康としては、自分の目の黒いうちに豊臣家を下しておかないと、徳川家のほうがやられてしまうという頭があったのでしょう。それで事あるごとに、徳川家に恭順の意を示すよう、淀殿や秀頼から確約を取ろうとした。もちろん、死んだ秀吉も天下を取ったほどの人物です。自分の死後、豊臣家に危機が訪れることを予想していたからこそ五大老に重ね重ね秀頼を頼むと遺言したのだし、それればかりか、家康に淀殿を縁づけることまで計画していました。

この話は北川央『大坂城と大坂の陣——その史実・伝承』で知り、拙著『女系図でみる驚きの日本史』でも紹介したのですが、もしも秀吉の遺言通りに事が進んでいれば、淀殿は家康の子を生んで、その子が徳川将軍になっていた可能性もないとは言えません。淀殿の同母妹の江《ごう》が家康の子の秀忠の妻となり、千姫や三代将軍となる家光を生んだことを思うと、あり得る話という気がします。

けれど淀殿はそれを拒み、その後も家康によって示された再三にわたる豊臣家存続のための妥協案を断った。最後の最後には徳川の要求に従おうとしたものの、時すでに遅し。

乱後すぐに出版された『大坂《おざか》物語(ママ)』(上巻・慶長末一六一四年、下巻・元和初一六一五年)によると、淀殿は冬の陣の際には、

「私は女とはいえ、思いは男に劣りはしない。もしもの時は具足、兜を着け、一方の大将にもなろう」

と勇んでいたのが、翌年の夏の陣では、

「命さえ保障されるなら、たとえ蝦夷《えぞ》の千島《ちしま》が領地でもいいから、両御所（徳川家康・秀忠親子）の仰せに従いなされ」

と秀頼に言って、大坂を明け渡し大和国へ移住せよとの徳川方の要求をのむよう勧めました。が、それまでさんざん母・淀殿に強硬姿勢をすり込まれていたせいなのか、秀頼は聞き入れず、二人は自害することになります。秀頼は二十三歳でした。

若くして散った秀頼……それも大変な人気だった……の哀れさゆえに、家康の狡猾なまでのタヌキオヤジぶりがいっそう際立つ仕組みです。

健康オタクだった徳川家康

しかし見てきたように、それは戦国という世を考えれば仕方のないことですし、秀吉によって沼地だらけの江戸に転封させられたにもかかわらず、その江戸を開発し、太平の世をもたらした家康の功績は多大なものがあります。当時の江戸は「手に負えないほど劣悪で、希望のない土地」（竹村公太郎『日本史の謎は「地形」で解ける』）でした。秀吉の措置に家臣たちが激昂する中、諦めなかった家康は関東平野が「肥沃な水田地帯となる」と見抜き、「日本史上に例のない大規模な大地改変」（同前）ともいえる河川工事・埋め立て工事に着手し、新しい都市を繁栄させることとなったのです。

そうした偉業を実現できたのは一つには長寿だったからで、長生きをすることが目的達成や栄華にとっていかに重要かということを、『吾妻鏡《あづまかがみ》』などの歴史書を愛読していた家康は誰よりも分かっていたのでしょう。だからこそ食事に気を遣い、諸国の名医を登用していた。もっともそれは豊臣秀吉もしていたことで、家康の特徴は、時に薬を調合するほどの健康オタクだったことです。

家康の孫で三代将軍・家光の乳母・春日局の著と伝えられる『東照大権現祝詞《のっと》（ママ）』によると、家光が三歳の時、博士や医師の手当も効果がなかった際、家康が与えてくれた〝御くすり〟のおかげで家光の病が癒えたといいます。

春日局としては権現様＝家康の霊威を強調する意図もあったのでしょうが、家康の調合技術は博士や医師をしのぐものだったことが分かります。

その結果、徳川十五代将軍の中では二番目の七十五歳という長寿を保ち、徳川十五代の礎を築くことができた（ちなみに最長寿は最後の将軍・慶喜で、七十七歳）。

二〇二三年のＮＨＫ大河ドラマ『どうする家康』の主演は松本潤で、タヌキオヤジのイメージを払拭する配役だなぁと驚いたものですが、松潤が大の健康オタクと知って、深く合点がいったものです。

最後に勝つのは長生きです。

五十三歳で死んだ武田信玄があともう少し生きていれば、あるいは天下を取れたかもしれないし、六十三歳（異説あり）で死んだ秀吉がもう二十年、せめて十年でも長生きしていれば、あるいはその天下はもっと長続きしていたかもしれない。本能寺の変で信長が自害に追い込まれた際も、家康は、人に憎まれ恨まれることの恐ろしさを感じ、身を慎む決意を新たにしたに違いありません。

健康に長生きすることは、どんな権謀術数にもまさる、最高の政治戦略であると、家康は教えてくれます。

2　卑弥呼はばばあだった？

……七十代後半で政権トップに君臨していた推古天皇と蘇我馬子の爺婆コンビも

前近代は短命というイメージがあるものの、それは乳幼児期の極端に高い死亡率のせいで、成人後まで生き延びた者は七十歳以上の長生きもまれではなかったことは、すでに触れてきました。

とはいえ、乳幼児期に死ぬ者や、女であればお産をする時に死んでしまう者は多く、たとえば平安時代はお産する時に亡くなる女性は「約五人に一人の割合だった」（川村裕子『平安男子の元気な！生活』）というほど。

川村氏は、

「長生きって、一族繁栄にもすごく大切なんですよね」

とも指摘してもいて、歴史の中のくそ爺婆の活躍ぶりに圧倒されるばかりの私は激しく同感です。

さらにそこから千年近く遡《さかのぼ》った弥生時代や古墳時代には、長生きの価値は今よりずっと高いものだったに違いありません。

しかしそれは、健康な老人に限り……という条件付きの場合です。

縄文時代などの無文字社会では、体が不自由になった老人に対する扱いは必ずしも丁重なものではなく、むしろそうした老人の地位は同時代の熟年・壮年期の人々と比べると「相対的に低かった」ことが考古学的にも明らかになっています（山田康弘『老人と子供の考古学』）。

近代の無文字社会……いわゆる「未開社会」の老人の社会的処遇を調査した文化人類学者の研究成果でも、「健康」を失った老人は、遺棄や殺人といった極端な冷遇の対象とされ、一方、「健全な老人は、尊敬・愛着の対象」となっていたことが分かっています（青柳まちこ「老いの人類学」……同氏編『老いの人類学』所収）。

健康な老人は大事にされるものの、

「いったん老人に心身の衰えや、老衰・痴呆などの症状が現れ始めると、彼らは社会のお荷物となり、冷たくあしらわれることになる」（前掲書）。

逆に言うと、心身共に健康でありさえすれば、長生き老人は知恵者として重んじられ、長老的なまとめ役を期待されていたわけです。私はその代表格が、名高い卑弥呼だと思うのです。

『魏志倭人伝』の卑弥呼

卑弥呼とは、中国の歴史書『三国志』（三世紀）魏書三十「東夷伝」の倭人の項目、いわゆる『魏志倭人伝』に出てくる倭《わ》の女王です。

同書によれば、当時、日本は〝倭〟と呼ばれ、もとは百余国に分かれていました。中でも邪馬台国（邪馬壹国）は女王が統治し、多くの国が帰属していました。

〝女王国〟こと邪馬台国は、もとは男子を王にしていたのが、七、八十年して倭国が乱れて戦が長引いたため、一人の女子を皆で立て、王にしたのが卑弥呼でした。〝鬼道〟（シャーマニズムとも中国的な道徳観にそぐわぬ政道ともいい、諸説あり）を事とし、よく衆を惑わしていた。年は〝長大〟（大人、適齢期）であったけれど、〝夫壻《ふせい》〟はなく、男弟が国政の補佐をしていた。卑弥呼は王になって以来、人前に姿を見せず、下女千人が仕え、男子一人だけが卑弥呼に飲食を供し、ことばを伝えて宮中に出入りしていた。

さらに二三八年（『梁書』『北史』では二三九年）、卑弥呼は魏の王に朝貢し、〝親魏倭王卑弥呼〟の称号を賜りますが、二四七年の倭国からの報告によると、卑弥呼は、もともと不仲な狗奴国の男王と争っていた。

やがて卑弥呼は死に、径百余歩（藤堂明保・竹田晃・影山輝國全訳注『倭国伝――中国正史に描かれた日本』の注によれば約百五十メートル）の巨大な墓を作り、奴婢百余人が殉死。新たに男王を立てたものの、国中が服従しなかったので、卑弥呼の跡継ぎ娘（〝宗女〟）の壱与《とよ(いよ)》という十三歳の者を立てて王としたところ、やっと国が治まった。

卑弥呼の推定年齢

大筋はこんな感じです。

この卑弥呼が私はくそばばあだと思うんですよ。

もちろん良い意味でのくそばばあ。「奇しきもの、霊妙なもの」（李家正文『古代厠攷』）にも通じる「くそ」のパワーを身につけた、貪欲に、したたかに、パワフルに、歴史を生き抜いた、くそばばあです。

と言うと、いや、卑弥呼って巫女でしょ？　宗女の壱与は十三歳で女王に選ばれたんでしょう？　卑弥呼だって若かったんじゃない？　時代も時代だし、ばばあになるまで生きたという証拠があるの？　と反論する向きもあるでしょう。

もちろん確たる証拠はありません。卑弥呼の生きていた二～三世紀、日本にはまだ文字がありませんから、中国側の記録をもとに推測するしかないのです。

この中国側の記録は複数あってそれぞれの記事は似ているものの、情報量に微妙に差があります。たとえば『魏志倭人伝』には、男王の統治が七、八十年続き、倭国が乱れて卑弥呼が立てられたとありますが、『後漢書』（帝紀と列伝は五世紀）「東夷列伝」の倭の項目、いわゆる「倭国伝」では、

「桓帝・霊帝のあいだ、倭国が大いに乱れ、かわるがわる攻撃し合い、長年、君主がいなかった。一女子があり、名を卑弥呼といい、年が長じても結婚せず」

と、より具体的で、倭国の乱れたのは「桓帝・霊帝のあいだ」つまりは一四六年から一八九年ころ（本によっては一四六年から一八八年）であったことが分かります。

つまり、卑弥呼が立てられたのは一八九年以降ということになる。

さらに朝鮮の『三国史記』（一一四五）「新羅本紀」の阿達羅尼師今《あだつらにしきん》二十（一七三）

年五月条には、倭の女王卑弥呼が新羅に使いを遣わした、とあります。

　これが事実なら、卑弥呼はすでに一七三年に王になっていたということになりますが、『三国史記』の成立は一一四五年で、倭に関する古い記事は信用ならぬというのが通説です。一方で、『三国史記』自体、古い史料にもとづいているという説もあり、近年になって日本側でも対応記事が発見されるケースが出ていることから「すべて虚構としてしまうことはできない」（佐伯有清編訳『三国史記倭人伝　他六篇』解説）ともいいます。

　中国側の『後漢書』の「倭国伝」によれば、倭は一八八、九年ころまで大乱が起きていて、卑弥呼が立てられたのはそのあとなので、確かに一七三年に新羅に使いを送ったということは考えにくいでしょう。

　だとしても、一八九年ころにはすでに適齢期を過ぎていた卑弥呼が立てられていた可能性はあります。

　もしもこの時、卑弥呼が十九歳～二十九歳だとすれば、魏に朝貢した二三八（二三九）年には七十歳～八十歳くらい、二四七年に死んだとするとその時七十九歳～八十九歳くらいになります。

あるいは、『三国史記』の記述を信じるとして、一七三年当時卑弥呼が十九歳と考えると、二四七年には九十三歳の高齢ということになるのです。

長生きだった倭人

いくら何でもそれはないよ……とお思いでしょうか。

しかし実は、先の『魏志倭人伝』には、卑弥呼の記事に混じって、こんな記述があるのです。

「倭国の人は長生きで、あるいは百歳、あるいは八、九十歳である」(〝其の人は寿考にして、或いは百年、或いは八、九十年なり〟)

当時から百歳まで生きる人はいたようで、古代法の令にも、

「八十歳になる者と、難病者等には介護役を一人与えよ。九十歳には二人。百歳には五人。皆まず子や孫を当てよ。もし子や孫がいなければ近親者を取ることをゆるせ。近親者もいなければ〝白丁《びやくちやう》〟(課役を負担する無位の成年男子)を取れ」(「戸令」)

とあり、歴史書の『続日本紀』(七九七)の「養老」という元号に改元する七一七年の詔《みことのり》でも、

「天下の老人八十歳以上の者に位一階を授ける。もしも五位に達していればこの限りではない。百歳以上の者には絁《あしぎぬ》三疋、綿《わた》三屯、布《ぬの》四端、粟《あわ》二石を授ける。九十歳以上の者には、絁二疋、綿二屯、布三端、粟一石五斗。八十歳以上の者には、絁一疋、綿一屯、布二端、粟一石」（養老元年十一月十七日条）

とあります。

もっとも「令」の介護規定は、「どの程度施行されたかという肝腎なことはわからない」（百瀬孝『日本福祉制度史――古代から現代まで』）といい、当時の福祉がどこまで手厚いものであったかは不明です。

しかし「令」には、官僚が辞職をゆるされる年齢は七十歳以上という規定もあり（「選叙令」）、本人が望み、事情がゆるせば、七十を越えても現役でいられました。実際、平安中期には、藤原道長の息子二人はそれぞれ七十六歳、八十歳まで関白をつとめ、娘の彰子は八十七歳で死ぬまで国母として政界に影響力を及ぼしていました（『栄花物語』巻第三十九）。

平均寿命の短い昔でも、長寿な人は長寿だった上、政界に長く君臨していたのです。

それは律令制度が確立する以前の時代も同様で、その代表例が、推古天皇（五五四

〜六二八）と、その補佐をしていた彼女の叔父の蘇我馬子《そがのうまこ》（五五一？〜六二六）でした。

七十五歳まで君臨していた日本初の女帝・推古

推古天皇は日本初の女帝として（それ以前にも神功皇后、飯豊青皇女《いいどよのあおのひめみこ》のような女帝的存在はいたが、『日本書紀』で認定されたという意味で）、三十九歳で即位。以後、七十五歳で死ぬまでの三十六年間の長さにわたって政権を握っていました。三十四年間、院政を行った後白河上皇以上なのです。とはいえ推古は独裁者というわけではありません。

甥の聖徳太子（五七四〜六二二）を皇太子として活用し、隋に使いを送ったことが『日本書紀』と、中国側の『隋書』倭国伝にも記されています。ただし、『隋書』によると時の天皇（原文〝倭王〟）は、

〝姓は阿毎《あめ》、字《あざな》は多利思比孤《たりしひこ》、号して阿輩雞弥《あほけみ》〟

〝王の妻は雞弥《けみ》〟

とあって、女帝とは書かれていません。

この時の〝倭王〟は皇太子である聖徳太子を指しているという説、男尊女卑の古代中国に対し、女帝と言うと侮りを受けるから隠したという説、アメノタリシヒコというのは当時の天皇を指す普通名詞的なもので、男と断定する必要はないという説など、諸説あって定まっていませんが、聖徳太子を指すと考えて差し支えないのではと私は考えています（ちなみに天皇という称号ができたのは天武天皇以後で、それ以前は〝大王《おほきみ》〟と呼ばれていました。推古、天武といった漢風諡《おくりな》も八世紀後半に定められたものですが、煩雑になるのでここでは諡で呼んでいます）。

そんな彼女の即位前から、天皇家を支えてきたのが、推古の叔父の蘇我馬子です。

馬子は推古の叔父と言っても、三歳程度違うだけで、ほぼ同世代。

「二人は同年代の政治的同志だったのだろう」（義江明子『推古天皇――遺命に従うのみ　群言を待つべからず』）

という意見に賛成です。

蘇我氏の母（馬子の姉妹）から生まれた推古は、朝廷の領有する葛城県《かづらきのあがた》を馬子に要求された際、

「私は蘇我出身だ」（〝朕《われ》は蘇何《そが》より出《い》でたり〟）（『日本書紀』推古天皇三十二年冬十

月一日条)

と言ったことでも有名で、馬子とは近しい同族、蘇我の仲間という自覚がありました。もっともそんな推古もこの時ばかりはいくら馬子の願いでも聞き入れられない、

「もしもこの県を失ったら、後世の君主は、『愚かな婦人が天下を治めたために、その県を失ってしまった』と仰せだろう。私一人が非難されるだけではない、大臣も不忠とされ、後世に悪名を伝えてしまうだろう」

と断ったのです。

『日本書紀』の記述を見る限り、推古は極めて理性的な賢帝でした。

彼女が初の女帝として即位したのは、敏達天皇の皇后だったという立場や、直前に異母兄弟の崇峻天皇が馬子の命で殺されるという異常事態があったのもさることながら、彼女自身のたぐいまれな資質があったのと、三十九歳という年齢が即位するのにふさわしかったからです。

平安時代などと違い、天皇に実権があった当時、その即位年齢は四十歳前後でした。三十歳で即位した欽明天皇は、「まだ年若い」(〝年若干《みとしそこばく》〟)(『日本書紀』欽明天皇即位前紀)と言われるような時代だったのです。

女性首長率五割の驚異

このように、古代にも長命な人はいて、推古に至っては七十五歳の高齢まで生き、推定年齢七十六まで生きた蘇我馬子と二人三脚で執政していました。

七十代後半といえば現代でも後期高齢者と呼ばれる正真正銘の高齢者です。そんな爺婆が六世紀末から七世紀前半にかけて、国のトップにいたわけです。

で、話を二世紀後半から三世紀前半にかけて倭の女王として君臨していた卑弥呼に戻すと、彼女が王となったのは一八八年（あるいは一八九年）以後で、二四七年まで現役だったとすると、五十八、九年の長期政権を保っていたことになります。

ちょっと長すぎるという気もしますが、もしも卑弥呼が、『後漢書』等に記された倭人のように八十から百歳といった長生きであったとしたら、そして人前に姿を見せずに、沖縄のノロよろしく、シャーマン的な存在であったとしたら、超高齢で国のトップにあったとしても不思議ではないかもしれません。

ちなみに最近の研究では、卑弥呼の時代には祭政未分化で、女は祭祀、男は政治といった明確な役割分担はなく、男女共に祭祀に関わっていたとされています。『魏志倭人伝』の卑弥呼の記述は多分に父権的な古代中国の価値観が反映されているわけです。また最新の考古学によれば、卑弥呼より少しあとの時代である古墳時代前期、女性首長の割合は畿内では約三割以下、全国では五割以下でした（清家章『卑弥呼と女性首長』）。

つまり、全国の首長の半分近くが女性だったのです。『風土記』にも女の土蜘蛛《つちぐも》（『豊後国風土記』『肥前国風土記』）や、男女ペアの国栖《くず》（『常陸国風土記』）と呼ばれる先住民が出てくることからして、地方にはとりわけ女性首長が多かったことは文献からもうかがえます。

翻って二〇二二年一月現在、女性知事は四十七都道府県のうち山形県と東京都の一県一都のみです。たったの四％で一割にも満たない。三世紀のほうが、よほど女の地位が高かったわけです。くそ爺婆以前に、そっちが驚きですよ。

3 鎌倉初期、一族を繁栄・安泰に導いた女地頭がいた
……九十一歳まで生きた、源頼朝の乳母・寒河尼（寒川尼）

源氏方について、一族を牽引した頼朝の乳母

「寒川尼《さんがわに》ちゃん」という栃木県小山市のご当地ゆるキャラがいます。

二〇一五年の「ゆるキャラ®グランプリ」（二〇二〇年終了）で、エントリー数一七二七体（ご当地ゆるキャラ一〇九二体、企業ゆるキャラ六三五体）という激戦の中、夫の「政光《まさみつ》くん」とセットで「総合ゆるキャラランキング」堂々の全国八位になった有名人です。ちなみに「くまモン」は同コンテストの二〇一一年の全国一位でした。

寒川尼（以下、寒河尼。一一三八～一二二八）は実在の人物で、鎌倉幕府を開いた源頼朝（一一四七～一一九九）の乳母の一人。乳母と言っても、頼朝とは九歳しか違いませんから、世話係といった感じだったのでしょう。

この寒河尼が、一一八〇年、夫の「政光くん」こと小山《おやま》政光が内裏の警護に当たる大番役《おおばんやく》として在京中、伊豆で蹶起《けっき》した源頼朝方に従うことを決める。そして一一八七年、五十歳の時に、女ながらも〝大功〟があるということで下野国寒河郡と網戸郷を賜ったことが、北条氏による歴史書『吾妻鏡』から分かります（治承四年十月二日条、文治三年十二月一日条）。

と、さらっと書きましたが、夫が平家の配下であるのに、妻の寒河尼が源氏方につくというのは大変な賭けで、たとえば江戸時代の武家の奥方などなら、あり得ない行動でしょう。

時は平家の政権下。平家の配下として働く夫の留守中、平家に敵対する源氏方につくことを決め、可愛がっていた末子の小山宗朝（のちの結城朝光）を伴って、頼朝のもとに馳せ参じているわけですから。いくら頼朝の乳母だからといって、夫の立場も意向も無視しての行動です。万一、源氏が負けたら、自分も末子も命の保証はない……。

とはいえ、この時代、親子兄弟が敵味方に分かれることは珍しくありません。一一五六年の保元の乱も、天皇家や摂関家が親子兄弟同士で戦って、源氏は源為義・義朝親子が、平氏も叔父の忠正と甥の清盛が敵味方に分かれ、負けた崇徳上皇側についた為義や忠正はそれぞれ身内の手で処刑されています。

戦国時代なども、一族が滅亡しないように、あえて親子兄弟が敵味方に分かれるというようなことがありました。どちらが勝っても、家を存続させるためです。

寒河尼の場合も、乳母と養い子という深い絆があったことのほかに、こうした意図もあったでしょう。だとしても、彼女の決断で息子を伴ったというのは、当時の妻の権力、女の地位の高さがなければ不可能です。というのも当時は、女子にも相続権があったのはもちろん、婚姻に際し、化粧料などの名目で所領が譲られる上、結婚後の夫婦の財産も別産制で、妻は自分の私有財産を持つことができました（石井良助編『法制史』）。江戸時代などと比較すると、女子の財産権も権力もずっと強かったのです。

後家の地位も高く、「家屋敷や所領などの財産もすべて管領し、子供たちを監督し、譲与を行なう、強い存在」（野村育世『北条政子——尼将軍の時代』）でした。財産権や権勢は嫡子をしのいでいたのです。

夫が留守中の場合も同様で、夫のいない家では、妻の寒河尼が家長ですからその一存で頼朝方につくと決めることができるし、家来たちもそれに従うことになります。

のちにほかの息子たちや夫も頼朝の配下となったため、それが彼女の〝大功〟として認められ、所領を賜ったというわけです。

ちなみに当時は女の武将もいて、木曾義仲に〝一方の大将〟を仰せつかっていた巴《ともえ》(『平家物語』巻第九)、〝百発百中の芸ほとほと父兄に越ゆる〟というほどの武芸者である坂額御前《はんがくごぜん》(『吾妻鏡』建仁元年五月十四日条)が有名です(巴、坂額御前の呼び名は原文ママ)。

寒河尼が生きたのはそういう時代だったのです。

強すぎる乳母の危険

ところで本章の見出しに寒河尼を女地頭と書きましたが、女地頭ということばは当時ありません。ただ〝地頭〟と記されるだけです。しかも八条院(一一三七〜一二一一)など広大な荘園を持つ女性がいた当時、わざわざ地頭と書くのには理由があります。『吾妻鏡』には寒河郡と網戸《あじと》郷を賜ったとあって地頭の文字はないのですが(文治三年十二月一日条)、小山政光の次男・長沼宗政の孫を祖とする皆川家の『皆川家文書《もんじょ》』には、彼女が頼朝から同所を賜った際の「袖判下文《そではんくだしぶみ》」が残っていて、そこには、

「すみやかに小山朝光の母堂を〝地頭職〟にすること」（〝可早以小山七郎朝光母堂為地頭職事〟）

「すみやかに朝光の母に〝地頭職〟を執り行わせるように。住人はよく承知して、これに違反したり失態のないようにせよ」（〝早以朝光之母、可令執行地頭職、住人宜承知、勿違失〟）

とある。彼女が不在地主ではなく、現地を直接支配・管理する〝地頭〟に任ぜられたことがはっきり記されているのです。『吾妻鏡』の記事はこの下文をもとに記されたわけです（江田郁夫「小山政光室・寒河尼の出自について」……「栃木県立博物館研究紀要」第32号）。

こんなふうに寒河尼が地頭になったのは、女の財産権が強かった当時の時代背景がベースにあり、ほかにも女地頭の例はあるとはいえ、頼朝の乳母であったからにほかなりません。貴人の乳母というのは、平安中期の昔から、

〝うらやましげなるもの～（中略）～内《うち》、春宮《とうぐう》の御乳母《めのと》〟（『枕草子』「うらやましげなるもの」段）

と、羨ましがられる存在でした。

乳母が幅を利かせるのは天皇家だけでなく、武家社会でも同様です。鎌倉幕府を開いた頼朝の乳母ともなれば尊重されるのは当然で、中には実母をしのぐ勢いの繁栄を一族にもたらす乳母もいました。

それが、同じく頼朝の乳母であった比企尼《ひきのあま》です。

頼朝の乳母には、寒河尼のほか、摩々尼《ままのあま》、比企尼、山内尼がいて（田端泰子『乳母の力――歴史を支えた女たち』）、流人時代の頼朝を助けた比企尼、頼朝の平家打倒の蹶起に駆けつけた寒河尼など、一族をあげて養い君を支えていました。

中でも有名なのが比企尼です。44～45頁の系図を見て下さい。その娘は頼朝の長男・頼家の乳母となり、二か月後、甥の比企能員《よしかず》も〝御乳母の夫〟として登用されることとなります（『吾妻鏡』寿永元年十月十七日条）。比企尼が能員を猶子《ゆうし》（財産相続を目的としないで結ぶ親子関係だが、養子と同義の場合もある）として推挙したためです。この能員の娘・若狭局が頼家の妻となり、建久九（一一九八）年、嫡男の一幡《いちまん》を生む。めでたいと言えばめでたいのですが、これを源氏の外戚（母方一族）として力を発揮していた北条氏が見過ごすはずはありません。一幡が次期将軍となれば、その外戚は比企氏となって、頼家の母方の北条氏の力が削がれてしまうからです。それで頼朝死後、二代将軍となった頼家の舅の比企能員も、一幡も、そして頼家自身も、皆、北条氏の手によって殺されてしまう。京都方の慈円の『愚管抄《ぐかんしょう》』によれば、頼家は、「首に紐を巻き、陰嚢を取るなどして殺した」（〃頸ニヲ（緒）ヲツケ、フグリヲ取《とり》ナドシテコロシテケリ〃〈巻第六〉）

という残酷な殺され方でした。

乳母の一族が力を持ちすぎて起きた悲劇と言えますが、比企尼の目の黒いうちであれば、誰も比企氏に対してこんな非道はできなかったのではないでしょうか。彼女の生没年は不明ですが、子孫の吉見氏の系図によると、建久四（一一九三）年、頼朝の異母弟の範頼が謀反の疑いで誅せられた際、六歳の嫡子は殺されたものの、四歳の次男と二歳の三男は、比企尼がもらい受け、命を助けて出家させています。彼らは比企尼の曾孫に当たるからで、助けられた次男の子が比企尼の所領のうち吉見庄を与えられ、吉見氏の先祖となったといいます。比企尼は生前は比企郡六十六か所の領主でもあったのです（『吉見系図』「範頼」左注）。

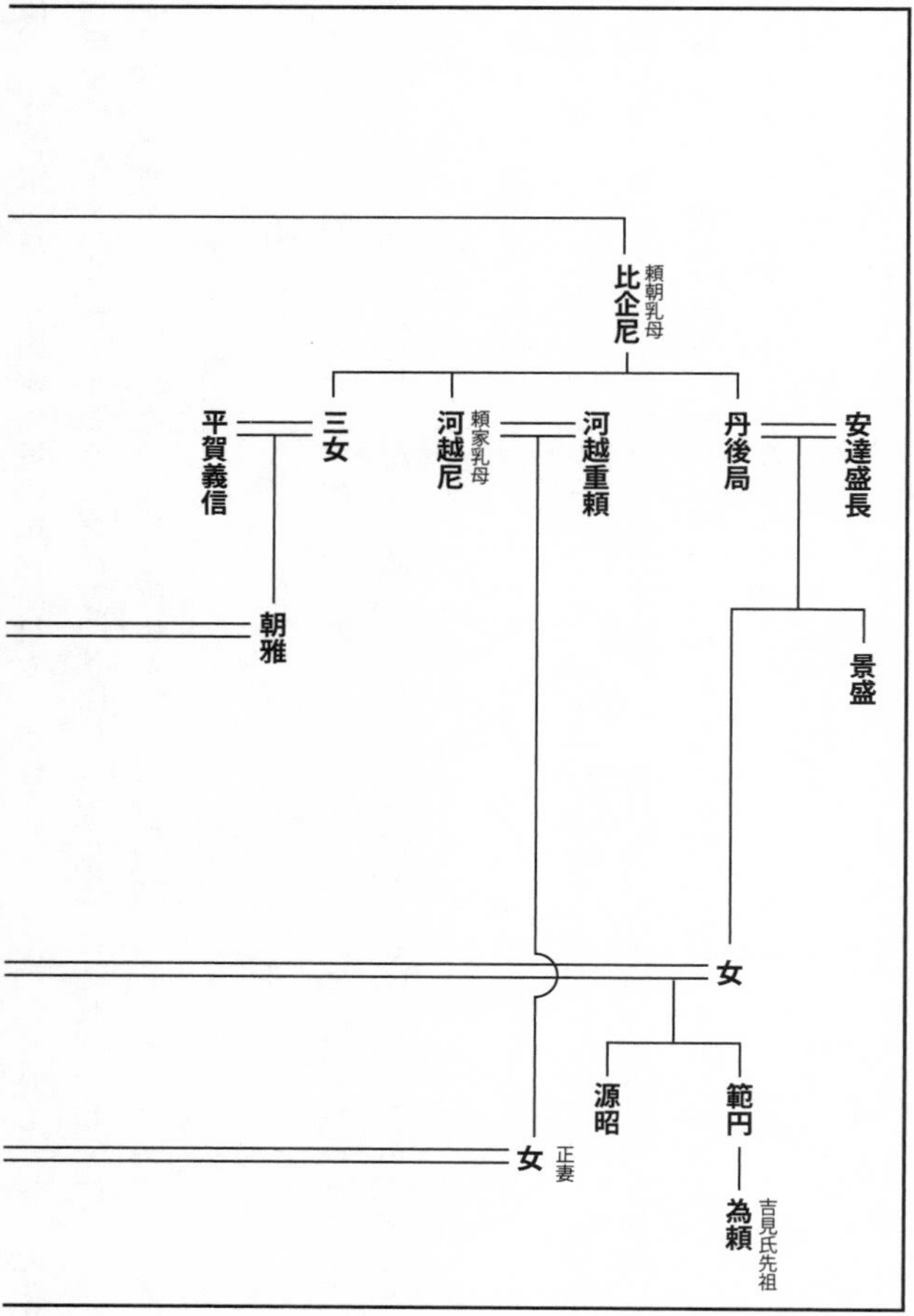
比企尼 頼朝乳母
三女
河越尼 頼家乳母
河越重頼
丹後局
安達盛長
平賀義信
朝雅
景盛
女
源昭
範円
為頼 吉見氏先祖
女 正妻

系図　比企尼

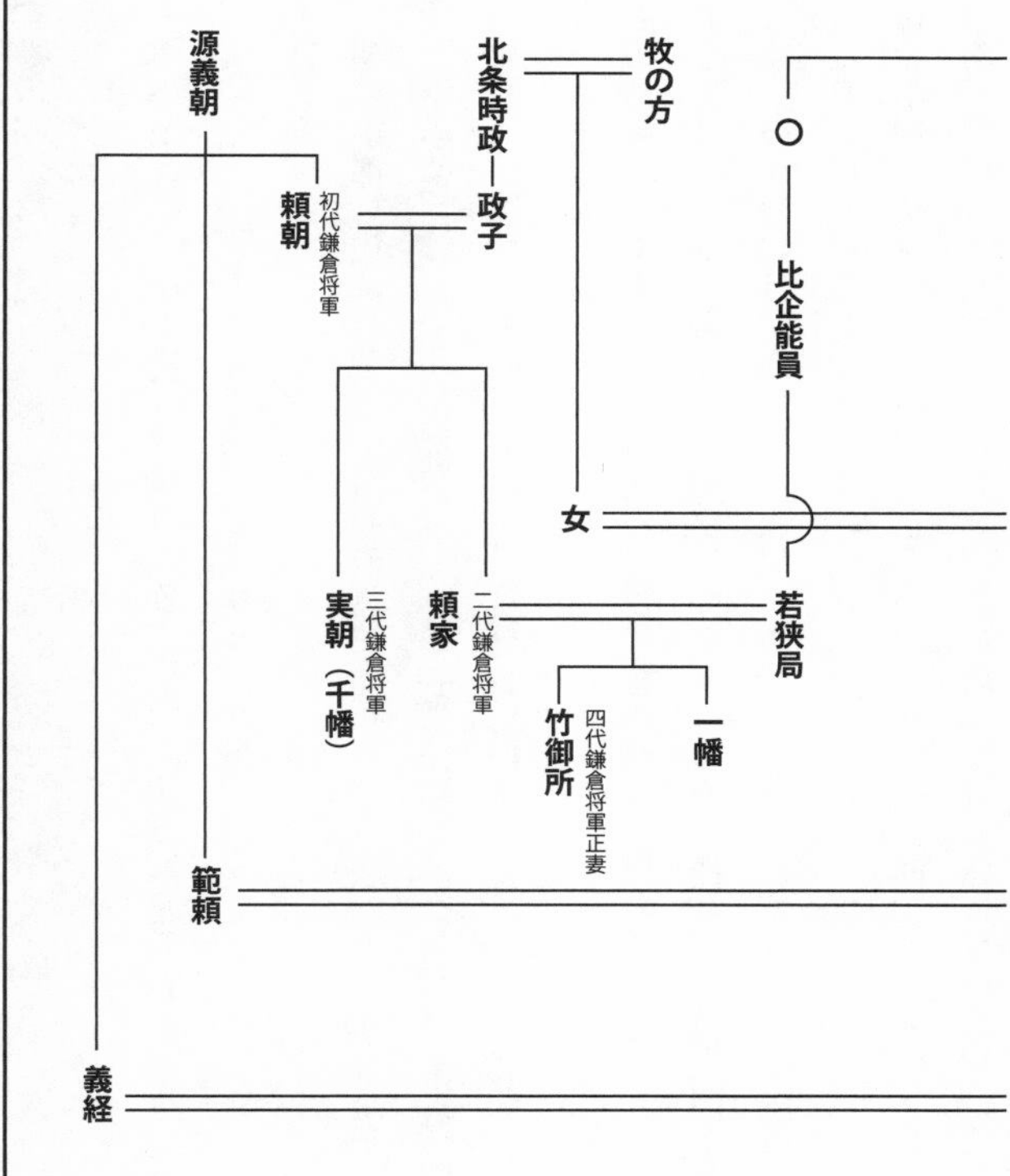

※『吾妻鏡』、『尊卑分脈』、『吉見系図』を参考に作成。

長生きして安泰の寒河尼

寒河尼に話を戻します。

彼女の夫方の小山氏は、小山朝政、長沼宗政、小山宗朝（結城朝光。寒河尼の実子。朝政・宗政も実子という説もある）の三兄弟すべてが繁栄。

実家の宇都宮氏も、

「鎌倉中・後期の宇都宮氏は北条氏一門並の存在となり、得宗（大塚注　北条一門の惣領）の外戚である安達氏に次ぐ特権御家人として幕政に関与していた」（市村高男「中世宇都宮氏の成立と展開」……同氏編『中世宇都宮氏の世界――下野・豊前・伊予の時空を翔《かけ》る』所収）

というほどの地位を得ます。宇都宮氏の先祖は藤原道長の兄の道兼で、もとは上流だったようでもありますが、あとから出自を高くするために作られた偽系図である可能性もあります。確かなのは、寒河尼の出現によって一族も婚家も栄え、鎌倉幕府や歌壇でも大きな存在感を発揮したことです。

北条氏は鎌倉中期にかけて、梶原、比企、畠山、和田、三浦、安達といった有力一族を次々に粛清していきました。けれど、宇都宮氏はそれも免れている。一二〇五年、北条時政とその後妻の牧の方が、娘婿を将軍につけようとして、三代将軍源実朝を殺そうと企んで敗れた際、宇都宮頼綱にも謀反の疑いがかけられます（ちなみにこの娘婿は比企尼の三女の子、つまり孫に当たります）。この時、寒河尼の継子（実子説もあり）の小山朝政が征伐を命じられるものの、朝政は「頼綱とは姻戚関係にあることを理由に固辞し、ただその叛逆に与同しないこと、防戦には尽力すべきことを誓」うという「絶妙な対応」をして（小山弘二『小山氏の歴史――藤原秀郷流を中心として』）、頼綱自身も素早く出家、同じく寒河尼の子である結城朝光が取りなすという、寒河尼チルドレンの助けによって、粛清を免れています。

寒河尼の父は『吾妻鏡』の記述から八田《はった》宗綱とされるのが通説ですが、寒河尼の子孫による系図によると朝綱の子とされていて（江田氏前掲論文）、年齢的にも私はそちらの説をとります。

だとすると宇都宮頼綱は寒河尼の甥であり、小山朝政や結城朝光とはいとこ同士ということになる。そうした近い関係だったから征伐を拒んだというのは納得がいきます（49頁系図参照）。

当時は寒河尼も六十八歳で存命中ですから、彼女の口添えやアドバイスもあったで

しょう。『吾妻鏡』にも、

「亡き右大将源頼朝と、二位尼北条政子がことに重んじていらした」(安貞二年二月四日条)

と記されるほどの寒河尼です。北条政子(一一五七～一二二五)は一二〇五年の事件当時、四十九歳で、頼朝亡きあとの鎌倉幕府の実質的なトップですから、寒河尼の意向があれば尊重したに違いありません。

一族が繁栄し、しかも粛清されなかったのは、寒河尼がとにかく長生きをしたおかげ。なにしろ彼女は一二二一年の承久の乱後も生き延び、一二二八年、九十一歳という天寿を全うしているのですから。それに加えて、彼女が将軍の子を生めるような女子を持たず、子どもは男子ばかりだったために、北条氏にとって比企氏ほどの脅威となり得なかったことも大きかったかもしれません。

ちなみに、寒河尼の息子たちのおかげで命拾いした宇都宮頼綱は「宇都宮歌壇」と呼ばれる地方歌壇を築いた歌人で、その娘は、藤原定家の息子と結婚しています。定家が『小倉百人一首』を編んだのは、出家遁世した頼綱が、嵯峨の山荘の障子に色紙を書いてほしいと依頼したことがきっかけです(⇒5。『明月記』嘉禎元年五月二十七日条)。

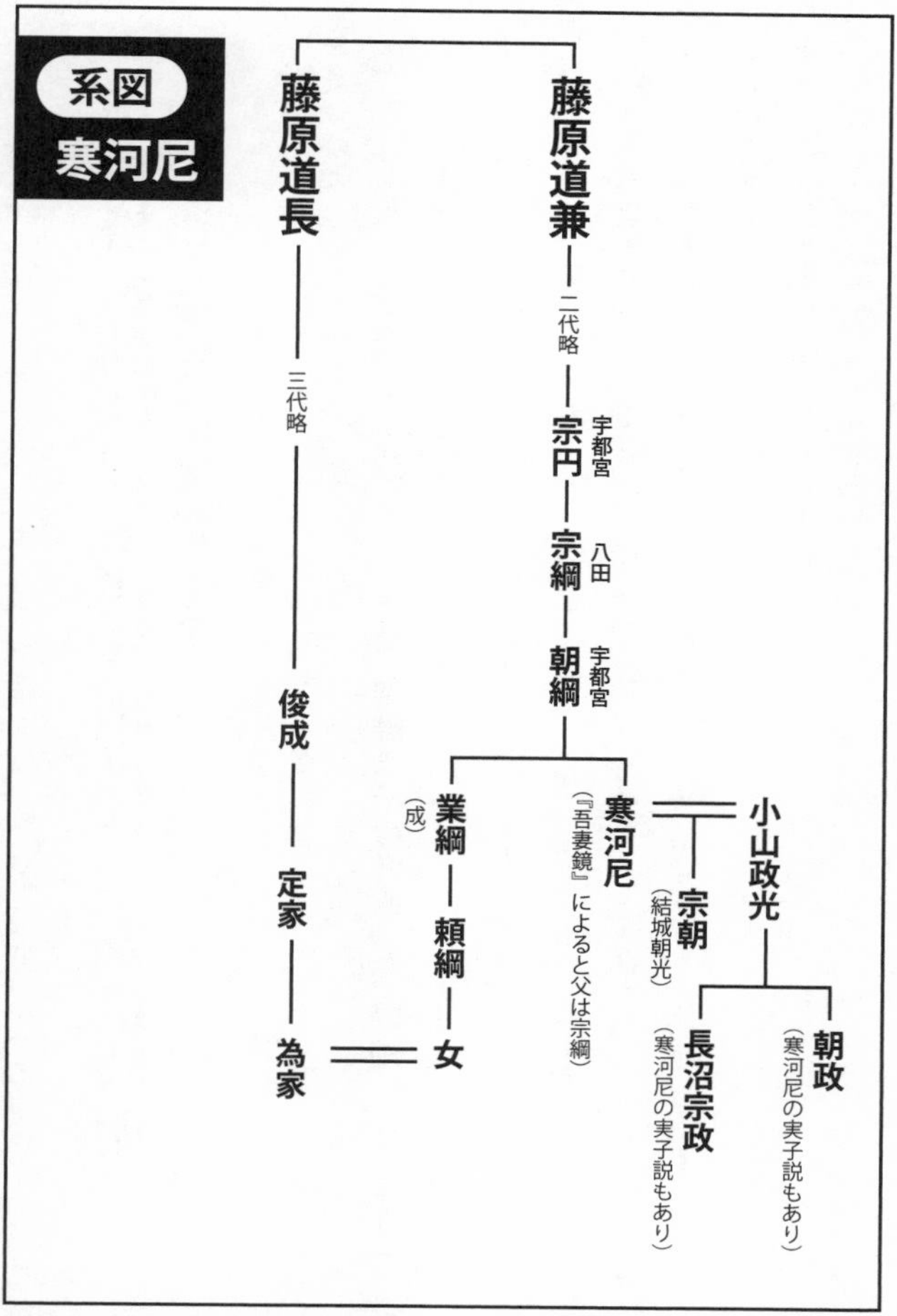

※『吾妻鏡』、『尊卑分脈』、江田郁夫「小山政光室・寒河尼の出自について」を参考に作成。

4　本格始動は六十代後半以後、安倍晴明

……日本最強の陰陽師の老獪さ

長生きしたからカリスマになった

安倍晴明《あべのせいめい》（九二一～一〇〇五）といえば、岡野玲子の漫画『陰陽師《おんみょうじ》』のクールなイケメンを思い浮かべる人が多いかもしれません。

けれど実は、彼の活動の中心は六十代後半以降、八十五歳で死ぬまで天下人・藤原道長などのために働いていた「遅咲きじじい」（©小林よしのり）でした。しかも、「彼が八十五歳まで生きたことが、後に超人的な陰陽師として語り伝えられた、大きな要因であったとする説もあるほどだ」（斎藤英喜『安倍晴明——陰陽の達者なり』）といいます。

まさに長生きしたればこそのヒーロー。

この本にぴったりな人物なのです。

高齢であることをフル活用

もともと陰陽は占いを意味し、その用途は「天皇陵を造るときや、都の建設をするときの土地の良し悪しを観たり、怪異や瑞兆の意味を占う」といった国家レベルのものに限られていました（川合章子『陰陽道と平安京　安倍晴明の世界』）。

それが平安中期になると、「貴族個人のレベルで利用されるもの」になった。それにつれ、陰陽寮に属す「陰陽師」だけでなく、「天文博士」の晴明が「陰陽師」と呼ばれるなど、「アバウトになって」いったといいます（同前）。

安倍晴明は陰陽寮に属していたものの、もともとは天体の運行から吉凶を占ったりする天文博士だったのです。けれど、貴族個人のために陰陽師として活動していたわけです。

そんな晴明が初めて歴史の表舞台に現れるのは天徳四（九六〇）年、四十歳の時。と言っても、晴明が四十歳の時に記された史料ではなく、七十七歳になった晴明の昔語りが、さらに後世の史料に載っているという形です。晴明の死後八十九年経ってからの藤原宗忠の日記『中右記』（一〇八七〜一一三八）の嘉保元（寛治八、一〇九四）年十一月二日裏書によると、長徳三（九九七）年、七十七歳の晴明が天徳四年の内裏焼亡のことを語った。そのことばによれば、内裏の御剣四十四（本によっては三十四）柄が全部焼け損じたため、当時、天文得業生だった自分が宣旨を奉じて再鋳造させた、というのです。

ところが斎藤氏によると、天徳四年当時の御剣の鋳造責任者は晴明の師匠である賀茂保憲であったことが分かっている。つまり、晴明は師匠の下で動いていたのに、三十七年後、年老いてから、当時の出来事をあたかも自分の手柄のように語っているわけです。斎藤氏は、そんな老晴明を、

「賀茂氏とちがう自分の『陰陽道』の権威をさらに高めるために、師匠を押し退けてまで自分の若い時代の功績を過大に語った老獪《ろうかい》な人物の姿も見えてこようか」（前掲書）

と評しています。そして、

「古い時代のことを知っている老翁の知恵者」

「〈翁《おきな》〉としての晴明」

を強調。そういうイメージが、人々に「畏怖の感情をもたらしたに違いない」（前掲書）と指摘しています。

年寄りであることを存分に利用した晴明のしたたかさを、斎藤氏は浮き彫りにしているのです。

四十五歳も年下の権力者に重用される

晴明の死後まもなくできた『源氏物語』には、〝老いてはべれば醜きぞ〟（「賢木」巻）といったことばや、認知が歪んで頑なになるといった意味の〝老の御ひがみ〟（同）ということばが出てきます。平安中期、老いにはマイナスのイメージがつきものでしたが、一方で故実に通じた知恵者というプラスのイメージもありました。そのイメージを晴明はフル活用したわけです。

昔のことをよく知る翁というと、『源氏物語』の六十歳ほどの明石の入道が、須磨で謹慎中の二十七歳の源氏を明石に迎えた際、〝世の古事《ふるごと》ども〟（世の中の古い出来事の数々）を語り聞かせたという「明石」巻のシーンが思い出されます。紫式部の頭にはひょっとしたら、晴明と権力者の関係が浮かんでいたのかもしれません。

晴明も藤原実資（九五七〜一〇四六）や藤原道長（九六六〜一〇二七）といった三十も四十も年下の大貴族のブレーンとして、陰陽師としての安倍家の力を伸ばしていきました。

山下克明の作製した「安倍晴明年譜」(同氏監修『図説　安倍晴明と陰陽道』)を参考に見ていくと、晴明が一番活躍していたのはなんと八十代。

八十歳の時には、道長の娘・彰子の立后の日時を選んだり(『御堂関白記《みどうかんぱくき》』長保二年一月二十八日条)、法興院への行幸のための日時を選んだり(同二月十六日条)、藤原行成の宿所でネズミがものを食う怪異を占ったり(『権記《ごんき》』長保二年八月十九日条)、ほかにもいくつもの大仕事をしている。没年の八十五歳の時にも、道長が東三条邸へ移転するために新宅を鎮める作法を行ったり(『御堂関白記』寛弘二年二月十日条)、中宮彰子の大原野社行啓に際して反閇《へんばい》(邪気払いの作法)を行ったり(『小右記』寛弘二年三月八日条)と、死の間際まで大活躍しています。

長生きしたからこそ畏怖の念をもたらし、重用されたという斎藤氏の意見に激しく同感です。

こうした孫ほども年下の権力者に重用されたのは、若い人の感覚や新しい考え方にも寄り添える爺だったからでしょう。使う側としても、親世代の言うことには反発しても、お祖父ちゃんお祖母ちゃん世代のことばには素直に耳を傾けるという、世代的な相性の良さも手伝っていたかもしれません。親子関係はダメでも、孫と爺婆はうまくいくようなものです。

呪詛が信じられていた時代背景

晴明のような陰陽師が平安中期に重用された背景には、晴明の能力や翁の風格といったもののほか、時代的なものもありました。

当時は、呪詛《じゅそ》や祟りが信じられ、それが政治にも利用されていた時代でした。

たとえば道長の甥で政敵でもある藤原伊周《これちか》・隆家兄弟は、女関係の勘違いから花山院の袖に矢を射かけた罪、天皇の母后である詮子を呪った罪、朝廷以外の臣下が行ってはいけない大元法《だいげんのほう》（大元帥法。毎年正月八日から七日間、治部省で修せられる大法会）を私的に隠れて行っていた罪で、九九六年、流罪の宣命が下っています（『栄花物語』巻第四・巻第五）。

罪状に「呪詛」が入っている。

確かに呪詛したのかもしれませんが、重要なのはそれが問題視されたタイミングです。

この前年、道長の兄の関白道隆が死に、権勢は道隆の子の伊周に移っていたんですが、まだ二十二歳の彼には人がついてこなかった。それで道隆の弟の道兼が政権を握ったものの、関白になって数日で死んでしまう。道隆も道兼も早死にだから栄華を保てなかった。長生きであることがいかに栄華の条件であるかが分かるというものです。

そこで浮上したのが道長で、『大鏡』によれば、渋る一条天皇に、天皇の母后で道長の姉の詮子が涙ながらに訴えたおかげで、道長は内覧の宣旨を獲得、政権トップに躍り出ます。伊周・隆家が花山院に矢を射かける事件を起こしたのは翌九九六年のことで、これは全く以て彼らの責任なのですが、父・道隆が生きていれば、そうした事件も揉み消され、問題にはならなかったでしょう。弱ったところに政敵がつけ込むのは今も昔も同じで、相手のスキャンダルを探し、トドメを刺すというのは政治家の常套手段です。平安中期の場合、その最たるものが「あいつは呪詛をしている」だったのです。

スキャンダルというのは世間の価値観に合わせて作られるものです。

今の日本で不倫がスキャンダルになるのは、不倫が存在し、かつ一定数の人が不倫は良くないと考えているからです。一方、性観念がゆるい平安中期、不倫はスキャンダルになりにくい。が、「呪詛していた」となると違います。「呪詛？　大罪じゃん！　人格疑う！　上に立つ資格なし！」となる。

呪詛というのが信じられていたからこそ、為政者《いせいしゃ》が利用する。噂レベルもあったでしょうし、実際に呪詛をしていたことのしっぽをつかんで利用するケースもあったでしょう。

いずれにしても、呪詛は恐ろしいものであると同時に、政治のカードになり得る。カードにしたら、今度は自分が呪詛の仕返しをされる可能性だってあるわけです。

長生きして一家を成した晴明

そんな時代、必要になるのは、祈禱力抜群、霊験あらたかな法師や、能力の高い陰陽師となります。

当時の物語や史料を見る限り、呪詛や祈禱は法師の役目で、晴明の実際の仕事は、縁起の良い日を選んだり、新居へ入るためにその土地の神や家の神を鎮めたり、怪異の原因を分析したりといったことがメインだったようですが、これは災いを避け、呪詛にあわないための予防の意味もあったのでしょう。

先にもあげた藤原行成の宿所の物をネズミが食うという怪異の意味を、晴明は「口《く》舌病《ぜちびょう》に関するものです」と分析しました（倉本一宏全現代語訳『権記』上）。口舌というのは、古典文学を読んでいると時々出てくるもので、『蜻蛉日記』下巻の天禄三年三月十八日のところにも、藤原道綱母が、夫の兼家から粗末な着物を贈られたので、占いをさせると、〝二人ばかり病ひごと、くぜち〟という結果が出たというくだりがあります。つまり口舌とは中傷とかことばの災難が降りかかることのようで、口にしたことが現実になるという言霊《ことだま》信仰の名残か、呪詛ほどではなくても、マイナスのことばによる災難というのがあって、怪現象やいつもと違う出来事があると、その可能性が疑われていた。その分析・判定をするのが主として陰陽師だったのです。

鬼神を操って呪詛したり、他人の呪詛をスマッシュよろしく打ち返したりといった、超能力者的イメージは、平安後期以降作られたもので、現実の晴明は、膨大なデータや知識をもとに自然現象や事象を分析し、大きなイベントを行う際、危険を回避し、成功に導くように段取りするコンサルタントといった趣です。

安心感をもたらすのが大きな役割ですから、豊富な経験と信頼感に満ちた高齢者であることが武器になるわけで、敵の多い権力者に、晴明が重用されたゆえんです。

もしも晴明が早死にしていたら、陰陽師としての名声も子孫の繁栄もなかったのです。

ちなみに、晴明の時代、陰陽師といえば師匠筋の賀茂氏が代表的でしたが、晴明の出現で安倍氏が台頭します。ただ、晴明の死後、「平安時代後期の安倍氏は、むしろ賀茂氏に圧倒されていた」（山下氏監修前掲書）。

そこで子孫たちは、晴明が若いころ百鬼夜行を見たり、人々から頼まれて草の葉でカエルを殺したりといった、『今昔物語集』に見られるような言い伝えを、貴族たちに吹聴し、晴明伝説が形成されていったのではないかと山下氏は言います。

こうした運動が功を奏し、安倍家は陰陽師の家として栄えることになります。

それももとをたどれば、晴明が長生きをして、死ぬまで活躍したおかげなのです。

5　不安じじい藤原定家と『百人一首』の謎

……病苦が大業を成す後押しをした

藤原定家（一一六二～一二四一）といえば『小倉百人一首』（以下、本章では『百人一首』）の撰者にして、日記『明月記』を書いたことで有名です。治承四（一一八〇）年、源平争乱の始まりとなった以仁王《もちひとおう》の挙兵の際には、

〝紅旗征戎吾が事にあらず〟（九月条、以下、『明月記』からの引用は今川文雄訳『訓読明月記』による）

と記したことはよく知られています。

軍旗を掲げて朝敵征伐と世間では騒がしいけれど、私の知ったこっちゃない、関係ない……というわけです。

時に定家十九歳。まさにこの年から、嘉禎元（一二三五）年までの五十五年間（途中、欠けた箇所も多い）、死ぬ六年前の七十四歳まで日記をつけ続けました。

この『明月記』を読むと、良くも悪くも、定家、くそじじいだなぁと思うのです。

子どもを差別

まず悪い意味でのくそじじいであることが間違いないと思う理由は、子どもを差別していることです。最初に断っておくと、前近代の親は、同じ自分の子どもでも、出来の善し悪しや母親の身分などで差別するのは当たり前でした。有名なのが、徳川家光のケースで、両親は家光よりも弟の忠長のほうを可愛がり、家督も継がせようとしていたのを、家光の乳母である春日局が駿府の家康に訴えて、家光が将軍になったと伝えられています。

保元の乱にしても、世を治める太上天皇と前関白が、共に上の子を憎んで下の子をひいきしたために起きた争いであるというのが、同時代の慈円の見方です（『愚管抄』巻第四）。

古代の応神天皇も、下の子であるウヂノワキイラツコをひいきして皇位継承者に指名したため、兄弟間の争いが起きたのでした（『古事記』中巻・『日本書紀』仁徳天皇即位前紀）。

この手の父親のひいきは、十中八九、先妻腹の上の子をないがしろにして、後妻腹の下の子を大事にするというパターンなのですが、定家も御多分に漏れず、先妻腹の長男である光家（一一八四〜？）に冷淡であった一方、下の子である為家（一一九八〜一二七五）ばかり可愛がって期待をかけていました。

村井康彦によると、光家が初めて『明月記』に登場するのは彼が十六歳の元服時、九条兼実や良経、中宮任子に対面させた折であるのに対し、為家は一歳半で中宮任子や兼実にお披露目し、八歳で元服させている。しかもそのまま後鳥羽院に仕えさせるべく働きかけていたのに、光家に対しては何の配慮もしない。

光家とは別居していたせいもあって情が薄いのか、イベントで新車が必要だと光家が頼んできた時は、「そんな余裕はない。主人の九条良輔に用意してもらえ」と突っぱねるわ、晴れがましいイベントに採用されたのが為家ではなく光家であることがゆるせず、「今後光家の世話はしない」と述べるわ、自分が無益と思う仕事は為家にはさせず、光家には毎日でもやるように教訓するわ、定家が今で言う毒親であることは間違いありません。

そのくせ、後年、愛息の為家が、能力のある息子（定家にとっては孫）を愛さず、

出家の道に追いやってしまうと、

〝悲しむべく痛むべし〟（天福元年十二月十八日条）

と嘆いている（村井氏『藤原定家『明月記』の世界』）。

客観的に見て定家も同じようなことをしていたのに、自分では気がつかないのです。

定家にひいきされていた為家が、定家と同じようなことを子どもにしているのも、「虐待の連鎖」を考える上で、興味深いものがあります。

七十近くなっても出世を願う野心家じじい

こんなふうに身勝手な定家、自身の栄達への執着は並々ならぬものがあって、希望の官位を得られないと、その日、任官された者たちを、
〝在朝の中将、皆非人、或は放埒の狂者、尾籠の白癡。凡卑の下﨟〟（元久元年四月十三日条）
と罵倒し、兼定・盛経は漢字を書けないだの、名指しで悪口を書いている。
そして六十九歳という、現代で言えば定年を過ぎた年齢になっても、中納言を望んで「猛烈な運動を開始」していました（堀田善衛『定家明月記私抄（全）』）。

堀田氏のことばを借りれば、

「中納言になれないとならば死んだ方がましだ」

とまで日記に書いている。こんな高齢になってもまだ栄達を望むとは、定家はよほど頑健な老人のように思われるかもしれませんが、一方では、常に病に苦しんでおり、六十八歳のころには、

〝午後、又蛭を飼ふ（歯に少々、左手に卅許り）〟（寛喜元年六月十六日条）

と、ヒルに患部を吸わせる療法なども試しています。医療用ヒルを切断指再接着術後のうっ血に使用して再建を促すことは今も行われる治療法ですが、「歯に蛭をつけるとなれば、生きた蛭を口のなかに入れることになろう。何という気味のわるい、いや、気持ちのわるい」（堀田氏前掲書）という意見に同感です。

翌年、中納言を望んだ六十九歳のころは「老衰甚し」く、「手足の腫れが中風《ちゅうぶ》のようで、立つのも不自由」「咳病と下痢が重なり、便所で倒れ、一時人事不省に陥った」（村山修一『藤原定家』）というほど。

そんなふうに虚弱な身ながら、念願叶って、二年後の一二三二年、七十一歳の高齢で権中納言に任じられるのです。

次章の貞成王《さだふさ》（⇓6）もそうですが、晩年になって願いが叶うタイプは、いつまで経っても野心を捨てない向きが多い。野心家と言うとイメージが良くないかもしれませんが、要は自分を見限らない、自分に失望しない、常人なら諦めるような状況でも自分に期待し続けるパワーがあるということです。

定家が晩年になって生活が上向いたのは、南北朝の激動を足利将軍とうまくつき合って乗り切った貞成王同様、動乱期にあって、武家方に近しい九条家の臣下であったことも大きく手伝っています。

一二三七年、六十六歳で正二位の位に昇った定家は、

「正二位は人臣の最高位だ。〝乱世〟に遭遇しなければ、得られぬ位だった」（安貞元年十月二十二日条）

と記しています。

〝乱世〟とは一二二一年の承久の乱のこと。堀田氏は定家のこのセリフを、「存外に正直、とでも言うべきか、承久の乱がなくて後鳥羽院がもしまだまだいたとしたら、こういうことはありえなかったであろう」（前掲書）と評しています。

承久の乱で、後鳥羽院が鎌倉方（武家方＝北条氏）に負けて、子の順徳院、関与しなかった土御門院も流罪になって、京の権力も反武家方から親武家方へ移り、いわば新興勢力である武家方についていた九条家やその臣下の定家は、うまく時流に乗ったわけです。

定家の不安と贖罪

〝乱世〟のおかげで今の地位がある、と記した定家は、後鳥羽院が隠岐に流されていなければ、今の自分の地位はなかったと自覚していたでしょう。

定家は、承久の乱の前年二月、五十九歳の折、ちょっとしたことがきっかけで、後鳥羽院の逆鱗に触れます。内裏の歌会で定家の詠んだ歌が、菅原道真の配流先での歌を下敷きにしている、院を道真にたとえているとして、院の怒りを買ったというのです（堀田氏前掲書）。

定家が院に申し開きをする間もないまま、翌一二二一年五月十五日、承久の乱が起き、院は道真さながら流罪となって隠岐に流されてしまう……。

定家にとってこれは非常に後味の悪いことだったのでしょう。乱の前後に当たる一二二〇年から一二二四年の日記は残されていません。「中には定家自身が廃棄したものもあったのではないかと考えられている」（村井氏前掲書）とも言います。

そんな中、定家は順調に位階を進め、権中納言になった一二三二年、七十一歳の年には、後堀河天皇に勅撰集の編纂を命じられます。不幸にも一二三四年八月、天皇は二十三歳の若さで没してしまうものの、一二三五年三月、『新勅撰和歌集』が成立します。ただしそこには、承久の乱で罪人となった後鳥羽、土御門、順徳の三上皇の歌は見えず、それは幕府に配慮する関白家の九条道家・教実父子の指示だったといいます（中川博夫『新勅撰和歌集』解説など）。

時に定家七十四歳。

『百人一首』のもととなる障子の色紙歌を、息子・為家の舅の蓮生こと宇都宮頼綱（一一七二～一二五九）の依頼を受けて書き送ったのは、その年の五月二十七日のことでした。

そこには、天智天皇より始め、百人の歌が一首ずつ収められている。ここから発展したのが『百人一首』（『百人一首』の成立については諸説あって定まっていません）で、勅撰集では外さざるを得なかった後鳥羽院と順徳院の歌がフィナーレを飾っています。

この『百人一首』が、後鳥羽院の怒りを鎮めるため、鎮魂のために作られたという説があります。

「『百人一首』は定家が後鳥羽上皇の呪詛を恐れ、鎮魂のおもいを秘めた歌集である」(織田正吉『百人一首の謎』)というのです。

そもそも『百人一首』には、歌人としてはあまり知られぬ人の歌も撰ばれている上、有名歌人の歌にしても必ずしもベストのものではないことが知られています。

一方で目立つのは通常の秀歌撰にはない天皇たちや、菅原道真や崇徳院といった怨霊になった人々の歌です。

実は当時、院が自分を流罪にした鎌倉幕府や親幕派の貴族を呪詛しているという噂が流れていました。『明月記』にも、三井寺領の志賀の浦の梨の木のあたりに四本足の〝異鳥〟が多数現れ、それを捕って食べた者は〝即時にして死〟んだ、一説によるとその鳥は水鳥の中にもともといて、名を〝隠岐の掾《ぜう》〟といったとあります(嘉禄元年六月十三日条)。

〝隠岐の掾〟とは隠岐の国司のことで、隠岐の後鳥羽院を指すことは言うまでもありません。

その記事の翌日、嘉禄元（一二二五）年六月十四日条には、幕府に尽力した大江広元が死去し（実際の没日は『吾妻鏡』によると十日）、かつ〝武州（執権北条泰時）病悩〟という、院の敵方の災難を伝える記事……。

一二三一年には大飢饉が起き、一二三三年には、後堀河の中宮竴子（藻壁門院）、翌一二三四年には幕府の意向で即位した後堀河、さらに一二三五年には親幕派の摂政の九条教実が、それぞれ二十代の若さで死んでいます。

定家はこうした親幕派の人たちのもとで出世した上、歌人としての彼の才能を見出した最大の理解者は院でした。

院の呪詛が自分にも及ぶのでは……と恐れ、院のほかにも不遇な歌人を選び、まとめて鎮魂しようと考えたとしても不思議はありません。草野隆は『百人一首の謎を解く』で、不幸な人たちに思いを馳せ、追善供養することが百人一首の目的だったとしています。

末尾に院親子の歌が配されているのに対し、冒頭に大化の改新を成功させた天智天皇親子（娘の持統天皇は壬申の乱の立役者とも言われます）が並ぶのも、織田氏も指摘するように（前掲書）、対立勢力の討伐という院の願望を表し、鎮魂の意を示したと考えれば合点がいきます。

定家最晩年の仕事である『百人一首』の撰集は、院の魂を慰めることによって、定家自身の不安を解消するためのものだったと思うのです。

多病・老衰だからこその古典書写

定家の不安感や病苦ということで興味深いのは、承久の乱後、古典の書写が増えたことです。

「定家が多くの典籍をまめに写したのも、多病の日常生活が一つの原因である」

「仏典を別にすれば、これらの書写が多く承久前後からあと、つまり六十歳以後の晩年になされていることは、矢張り、老衰で立居が意の如くならなくなった時期でも多少の無理をおして出来る仕事であったから、その上写本をつくることが好きであった事情がこれを助けている」（村山氏前掲書）

という指摘は、私のように六十そこそこで膝も悪い、目も悪い、あちこち痛いという中高年には希望を与えてくれます。

もちろん定家のような天才と自分を比較するのはおこがましいのですが、多病だからこそ、座ってできる、家でできる仕事に精を出したという晩年の定家の姿は、病弱な中高年のみならず、コロナ禍でリモートワークを強いられる若者にも一条の光となるのでは？　と思う次第です。

ちなみに先に出てきた宇都宮頼綱は、九十一歳まで生きた寒河尼（⇩3）の親族でもあるのですが、彼も八十八歳という長寿を保ち、定家の父・俊成に至っては九十一歳で死ぬまで創作活動に励んでいます。衛生状態も悪く、抗生物質もワクチンもない平安末から鎌倉時代を生きた人々の意外な元気さには驚かされます。

6　結局、最後に勝つのは長生き

……「天皇の父」となったダークホースじじい後崇光院の逆転人生

貞成の悲惨な前半生

長生きして良かった！　ということで言うと、真っ先に思い出すのが後崇光院伏見宮貞成《ごすこういんふしみのみやさだふさ》（一三七二〜一四五六。五十四歳までは貞成王。以下、貞成）です。

この貞成ほど「逆転じじい」の名がふさわしい人はいないのではないか。

彼の前半生は、さんざんです。

王朝が並立していた南北朝時代、貞成は北朝の崇光天皇の孫という尊貴な身分に生まれます。が、彼と父の栄仁《よしひと》親王の置かれた境涯は、

「一口でいうと『不遇』の一語に尽きていた」（横井清『室町時代の一皇族の生涯――『看聞日記《かんもんにっき》』の世界』）。

元服つまりは男子の成人式を行うのが十二歳からせいぜい二十歳ころであった当時、

貞成が元服したのはなんと四十歳。

そのころには死んでいる可能性すらある年齢です。しかも昔は元服と共に結婚することが大半。貞成の場合もそうだったようで、記録を見る限り、第一子が生まれたのは、貞成が四十五歳の折でした。逆に言うとこの時まで少なくとも正式な結婚も子を持つこともなかったわけです。そしてこの年の正月から貞成は、『看聞日記』と称する日記を書き始め、一四四八年、つまりは七十七歳までの三十三年間の日記が現存している。一部は散逸したものの、そこから貞成の人生がうかがえるわけです。

それにしても四十で元服とは、皇族なのに！　と驚きですが、貞成が生まれたのは南北朝時代の末期。貞成が二十一歳のころ（一三九二年）には北朝に統一されるものの、皇統嫡流の父・栄仁親王は即位の芽を失い、住まいの伏見御所を将軍・足利義満に「山荘にしたいからほしい」と取り上げられる有様（のちに返還される）。武家に翻弄されながら、金策に近臣らを奔走させるというような苦労をしていた。

その苦労は父の死後も続きます。

父が死んだ翌年、四十六歳の折には、兄・治仁《はるひと》王（弟説もある）を毒殺したという噂が立ったり、翌年、四十七歳の時には、称光天皇のお手つきの女の腹の子の父ではないか、つまりは天皇のお手つきと不倫したと疑われたり……身に覚えのない貞成はひたすら仰天、この件は結局、讒奏《ざんそう》（天皇に対して讒言《ざんげん》すること）であることが分かったものの、彼が寿命の縮む思いをしたことは確かです。

若くして死んでいく皇族たちをよそに

そんな貞成に転機が訪れるのは一四二五年。皇太子の小川宮（称光天皇の弟）が二十二歳の若さで没し、かねてから出家予定の後小松院（称光天皇や小川宮の父）が法華八講のイベントを催すに当たり、写経供養の一部を「助筆」……貞成に書いてほしいとの依頼があったのです。

その依頼の返事にかこつけて、貞成はかねて希望の「親王宣下」を、院に願い出ます。

この時、貞成五十四歳。苦節数十年のしたたかさが垣間見えるところですが、貞成の願いは聞き届けられ、貞成王は晴れて貞成親王となります。

と、ここで説明すると、「親王」というのはたとえ天皇の子であっても自動的になれるものではありませんでした。「親王宣下」というのを天皇から受けて初めてなれる。

しかも貞成のように天皇の孫であればふつうは「王」であって、貞成もこの時までは貞成王であったわけです。そんな境遇に不満を感じていた貞成は、無位無冠を脱したい、家を繁栄させたいという野心があって、まずは親王になりたいと望んでいた。

が、親王になれたらなれたで、今度は称光天皇から、即位の野望があるのでは？という疑いを持たれてしまう。実際、その線もあったわけですが、疑惑の念に荒れ狂う称光天皇を憂えた後小松院は、自身の出家と共に、貞成にも出家を求めてきます。こうすれば子の称光天皇も納得すると踏んだわけです。老獪な院の提案に、対する貞成も老獪です。あっさり出家を遂げてしまいます。

不遇時代を経て四十で元服、四十五歳で初の子をもうけるという遅咲きの皇族・貞成が、五十四歳にして親王に。いよいよ即位への道が開けたか？　と思ったら、いきなり出家……どこまでもジェットコースター人生ですが、不遇な前半生と比較すれば、十分素晴らしい展開です。

が、貞成の晩年の幸運はこの程度では収まりません。

一四二八年七月、貞成五十七歳の折、病弱だった称光天皇がとうとう二十八歳で死んでしまうのです。跡継ぎもなく、皇太子だった弟の小川宮も二十二歳ですでに死んでいる。もとより嫡流だった、貞成の兄の治仁王も推定年齢四十七歳で死んでいる。

そこで、白羽の矢が立てられたのが、貞成の子の彦仁《ひこひと》王です。

彦仁王は、貞成が四十八歳の時に生まれた長男で、当時十歳。親王宣下もすっ飛ばし、後小松院の猶子となって、一四二八年七月践祚《せんそ》、翌年十二月に即位式が行われます。

皇位継承の有力候補が次々と若くして死んでいく中、貞成は、六十を前に、天皇の父となったのです。

没年齢を記した系図を作ったので御覧ください（78頁）。彼が長生きによっていかに利得を受けたか、逆にまわりの皇族は早死にによって皇位を逃してしまったのか、一目瞭然です。

貞成のくそじじいぶり

貞成の快進撃はまだ続きます。

一四三三年、後小松院が崩御すると、貞成は天皇（彦仁王＝後花園天皇）の父として振る舞うようになり、一四三四年、六十三歳の折、妻の南御方《みなみのおんかた》（庭田幸子）が天皇の母ということで従三位《じゅさんみ》に叙せられると、父である自分も……と思ったのでしょう。天皇に政道のことなどを記した『椿葉記《ちんようき》』なる一書を託し、その中で、「天皇の『父』たる者が『無品《むぼん》（無位）親王』のままで果てた例がないと強調し、存命中に太上天皇の尊号を……と催促」（横井氏前掲書）したというのです。

太上天皇というのは略して「上皇」、譲位をした天皇の尊号です。それを即位したこともない貞成が、自ら要求しているのです。

もっとも天皇を経ずに上皇になった皇族には、後高倉院という先例があります。貞成はそれにかこつけてもいるのですが、後高倉院は、自身が即位していないとはいえ、高倉天皇の皇子であり、かつ安徳天皇の異母弟です。父・栄仁親王や兄も即位していない貞成とはわけが違う。

それを強いて先例にして、まだ十六歳の若い天皇に太上天皇の尊号を願い出る。それも、

〝おなじくは存命のうちに〟

〝おい（老）のいのちも長かれ〟

と、六十三歳という老いを逆手に取って要求しているのですから、くそじじいでは

系図
後宗光院

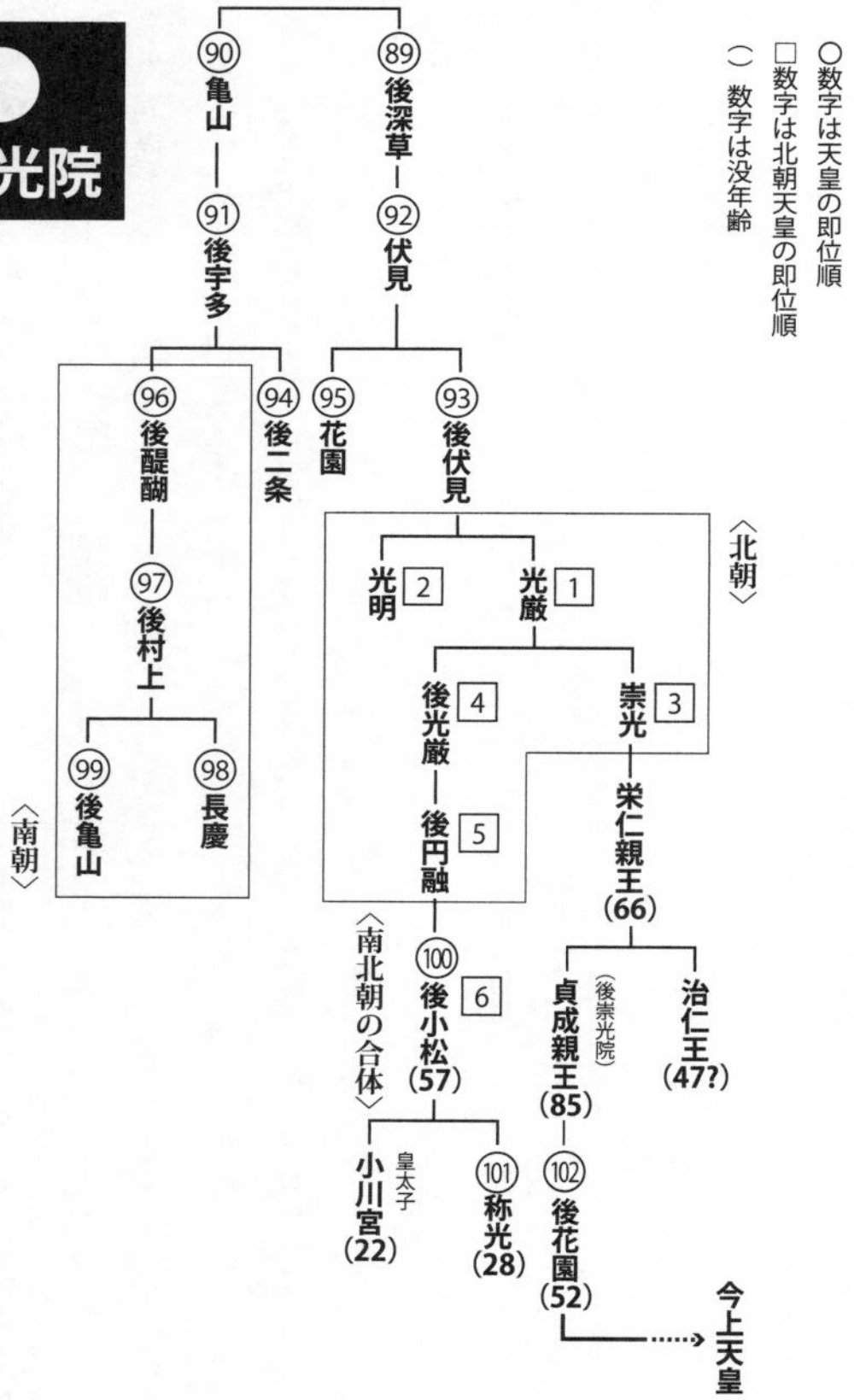

○数字は天皇の即位順
□数字は北朝天皇の即位順
（）数字は没年齢
89 後深草
90 亀山
92 伏見
91 後宇多
93 後伏見
95 花園
94 後二条
96 後醍醐
97 後村上
98 長慶
99 後亀山
〈南朝〉
〈北朝〉
1 光厳
2 光明
3 崇光
4 後光厳
5 後円融
栄仁親王（66）
治仁王（47?）
貞成親王（85）
（後崇光院）
100 6 後小松（57）
〈南北朝の合体〉
101 称光（28）
皇太子
小川宮（22）
102 後花園（52）
今上天皇

ありませんか。

　こうして見ると、貞成はかなりの野心家であったと思わざるを得ません。有力な皇位継承者だった兄を毒殺したという疑いをかけられたり、称光天皇のお手つきと不倫したという噂を立てられたりしたのも、貞成に見え隠れする野心のせいではないか。

　貞成は暴君で名高い将軍足利義教《よしのり》ともうまくつき合っています。しかも義教の恐ろしさを分かった上で、つき合っていた。とくに貞成が六十六歳の時、七十五歳になる継母の東御方が、義教に刀で打擲《ちょうちゃく》されるという屈辱にあった際は、

〝薄氷を履《ふ》むの儀、恐怖千万〟(『看聞日記』永享九年二月九日条)

と日記に書いているほどです。

　東御方は三十一歳も年下の義教に気に入られていて、この日もお供をしていたのですが、義教のほめた唐絵をけなしたために、そんな目にあってしまったのです。

　こんなふうに心の中では義教におびえながらも、事無きを得ていた貞成は、一四四一年、義教が大名の赤松満祐《あかまつみつすけ》に暗殺されて四十八歳で死去すると、

〝自業自得の果て〟

と日記に記している。

貞成はその老獪さで以て、内心では距離を保ちつつも暴君に気に入られ、世を渡っていたわけです。まさに面従腹背ということばがぴったりです。

こうして恐ろしい義教が死に、その子・義勝が第七代将軍になるものの十歳で死去。一四四七年、貞成は七十六歳の折、ついに太上天皇の尊号を受けます。願い出てから実に十三年の歳月が経っていました。

「無力」という語に込められた貞成の野心

四十歳まで元服できなかった無位の王が、太上天皇になろうとは、一体誰が想像したでしょう。

まさにダークホース。

貞成が長生きしたればこそ、次々と政敵や権力者が死んでいく中、思いも寄らぬ尊位を得たのです。

いや、思いも寄らぬというのは不正確で、貞成だけは想像していたかもしれません。

願えば叶う……とは言いますが、あまりにも願いが現実とかけ離れていたり、年を取って分別がついてきたりすると、人は諦めを知り、願いを捨ててしまうものです。

ところが貞成は違う。

親王位を願い続けて親王となり、息子が即位すると太上天皇の位を願い続けて十三年、とうとうその位を得た。

そこまで願い続けるエネルギーは一体どこからくるのか。

と考えた時、ヒントを与えてくれたのが、横井氏も示唆を受けたという位藤邦生の論文です。位藤氏によれば、貞成の日記を特徴づけることばは〝無力〟だといいます。思い通りにいかぬ時、彼はしばしば〝無力〟という語を使っている。目からウロコであるのは位藤氏の解釈です。貞成が〝無力〟という語を使うのは、

「彼が自分の人生に大きな期待をもっていたからである」

というのです。

「ところが彼の期待はその期待が叶う可能性の枠をときに越えていた」

つまりは、期待が大きすぎた。

「だからこそ彼は『無力』や『無念』のおもいに始終対面しなければならなかった」(「無

力次第也――『看聞日記』に見る伏見宮貞成の生きかた――」……広島大学国語国文学会「国文学攷」62号）

物凄く示唆に富んだことばで激しく同感です。

自分への期待が大きい。ことばを変えれば野心家だった。自分の現状からしてあり得ない野心を貞成は抱き、じじいになっても保ち続けた。諦めが悪いとも言えますが、その願い続けるエネルギーは、あっぱれくそじじいと言えます。

問題は、野心も満たされ、無力を感じる気持ちがなくなった時、です。

念願の太上天皇の尊号を受けることになった貞成は翌年二月、「後代の謗《そし》りも避けたい」（横井氏前掲書）との理由で尊号を辞退します。自分で要求しておきながら辞退するとはおかしな話ですが、形式的な辞退なのか、あるいは翌三月に妻の幸子が院号を受け、四月に死去していますから、妻の健康状態も心境に影響したのかもしれません。

長年書き続けた日記も、妻が五十九歳で死去する六日前、文安五（一四四八）年四月七日で閉じられています。

貞成は七十七歳。

この時、貞成の野心の炎はもはや燃え尽きていたのでしょうか。

その後も生き続けた貞成は、一四五六年八月、八十五年の生涯を閉じることになります。

7　憎悪を吐き出し、老い支度

……七十に及んで『三河物語』を書いた大久保彦左衛門の恨み節

憎しみをスパークさせていた昔の人

「罪を憎んで人を憎まず」

そんなことばを一度は耳にしたことがあるでしょう。

が、古典文学を読んでいると、思いきり人を憎んでいる場面にしばしば出くわします。

平安中期の藤原道綱母は、夫・兼家の愛した女を憎むあまり、子を生んだ彼女への夫の愛が冷めたのを喜び、さらに生まれた子が死んだと知ると、

「今こそ胸がすっとした」(〝いまぞ胸はあきたる〟)

と快哉を叫んだものです(『蜻蛉日記』上巻)。

いくらライバルが憎いからといって、生まれた子の死を喜ぶというのは近現代人の

倫理観からは遠いものがあります。たとえ内心は嬉しかったにしても、わざわざ文章に書く人はいないでしょう。それを道綱母は、憚《はばか》りもなく書いているんです。

と、ここで断っておくと、そういう自分の負（というのも近現代の価値観によるものなのでしょうが）の感情をきちんと見据えて書き記した道綱母に、私は敬意を感じています。己の感情を認識する知性、伝える勇気が素晴らしいと思うのです。

セクハラもパワハラも毒親も、自覚してこそ改善の第一歩。

怒りや憎しみといった自分のマイナスの感情も、自覚して、表現してこそ、対処の方法があるというものです。

「人を悪しかれ、と思う気持ちはないけれど」（〝人をあしかれなど思ふ心もなけれど〟）（「葵」巻）

などと信じ込んでいる『源氏物語』の六条御息所のような人が、無意識のうちに憎悪に心身を支配され、物の怪になってしまうのです。生きているうちに恨みを発散させなかったため、死後も死霊として源氏の大切な女たちを祟ることになるのです。

その伝で言うと、老いの果てに、恨みつらみや憎しみを『三河物語』で炸裂させた大久保彦左衛門こと忠教《ただたか》（一五六〇～一六三九）は、見事な老い支度をしたと言えるのではないか。

彦左の悔しさ

大久保彦左衛門は、江戸幕府を開いた徳川家康が三河にいたころからの家臣である大久保家の一員です。家康・秀忠・家光の徳川将軍三代に仕え、時代劇では将軍家に対する「ご意見番」として、「彦左《ひこざ》」と呼ばれて親しまれています。

『三河物語』は同書の後書きによれば、そんな彦左が齢〝七十〟に及ぼうとするころに書いた大久保家の歴史書にして回顧録。自筆本も残っており、戦国武士を知る重要史料とされている。

これがしかし、恨みと憎しみにあふれているのです。

まず彦左、冒頭一行目から、

「私は老人のことですから、いつ死ぬかも知れません」（〝我老人之事ナレバ、夕《ゆう》サリヲ知ラズ〟）

と、「老い」を言い訳にして、なにやら言いたい放題する予感を漂わせる。

案の定、

「近ごろの世は、ご主君もご譜代の家筋をまるでご存知ない。また、長年のご譜代衆（先祖代々仕える家来衆）も代々の家柄も知らず、ご主君も、三河者なら皆、ご譜代の者とお思いになっている。その由来を子どもが知るわけもないので書き置くのである」

と、直後にいきなり主君批判。

それで、昔のことを知る老人として、ご譜代の家筋を書き置くのかと思いきや、

「これは我が子どもたちに我が家の由緒・家柄を知らせるために書き置くものなので、他人のことは書かない。だから〝門外不出〟とする」

と言い、その舌の根も乾かぬうちに、

「皆様方も家々のご忠節と、ご譜代の家柄のことを書き記して、子どもたちにお譲りなさるとよい」

と、〝門外不出〟と言いながら、「皆様方」（〝各々〟）と呼びかけている。

そんなふうにしょっぱなから矛盾だらけの波乱含みで始まる『三河物語』は、徳川家の先祖や、初代将軍家康の生涯や戦のこと、自分の手柄話に続き、三代将軍家光に記述が移るころから、さらに不穏な空気に満ちてくる。

「大坂の合戦で恐ろしくもないところで逃げた者が、過分な知行を、今までの知行に重ねて得て、人を多く召し連れて大きな顔をして歩いている。我らは手柄を立てこそすれ逃げたことはないし、先祖のご忠節も限りない」

なのに、ろくに手柄も立てない奴に大きな顔をされる情けなさに、

「人知れず、大きなトチの実ほどもある涙が〝はら〳〵〟とこぼれてくる」

と、手柄を立てない者が取り立てられ、立てた大久保家の自分が冷遇される悔しさに大粒の涙がこぼれるというのですから、尋常ではありません。あげく、

「子どもたち、よく聞け。今はご主君をありがたく思うことは毛頭ない。きっとお前たちもありがたくは思っておるまい」（〝子共、よく聞け。只今ハ御主様之御事ハ、毛頭《もふとう》なし。定《さだ》めて汝共も御かたじけなく有間敷〟）

と、今現在のご主君、つまりは三代将軍家光のことはこれっぽっちもありがたく思っていないし、子らもまたそうであろうと決めつけている。

なぜかといえば、現将軍は他国の者やご譜代でない者を厚遇する一方、大久保家のように、九代にもわたって仕えてきたご譜代を〝新参者〟として扱って、もらえる給料も微々たるもので、なんでありがたく思えるはずがあろうという理屈です。

彦左のしつこさ

ちょっと衝撃的じゃありませんか？

ここには、武士と言えば忠義であるとか、日本人と言えば従順でおとなしいといった既存のイメージを打ち破るクセの強さやたくましさがある。

こうした率直な物言いが、彦左といえば「ご意見番」というイメージを作ったのでしょう。

面白いのは、こんなふうに、今の主君のことは毛頭ありがたく思わないと言いつつ、
直後、

「しかしそれを不満に思わずに、よくご奉公申し上げるべきだ」

と言っているところ。さらに、

「九代にもわたって仕えてきた家柄の者を悪く召し使われるのは、ご主君の〝御不《ふ》
足《そく》〟（欠点、過失）である」

と、またしても〝九代〟を強調しながら主君を批判しつつ、

「何事も御意次第、火の中水の中に入っても、にっこり笑ってご主君がご機嫌良いよ

うに奉公せよ」

と、このへんは、忠義の武士イメージにぴったりなところもあるものの、

「とはいえ、今現在のご主君にありがたいと思うことは一つも、その半分もないけれど」（〝かくハ申せ共、只今御主様に御忝御事ハ一つも半分もなけれ共〟）

って、本当にしつこい（笑）。

先祖代々の忠節で以て徳川家に仕えてきた大久保家の一員としては、子孫にも引き続き忠義を尽くしてもらいたい一方で、現状への不満、現将軍への不服な気持ちが腹に据えかねてならないのです。

彦左の目的は何か

それにしても、彦左は何のために『三河物語』を書いたのか。彦左によれば、

「これは我が子どもたちに我が家の由緒・家柄を知らせるために書き置くもの」

ということでした。そのため、〝門外不出〟を繰り返していた。が、それにしては、

「もしもこの書物をご譜代久しい人々が御覧になっても、我が大久保家ばかりえこひいきして書いてあるとお思いになるな」

「万一、落として分散し、誰かがご覧になったとしても、我が家のことばかりひいきして書いたとおっしゃらないでほしい」

と、他者が見る可能性をくどいまでに繰り返している。

〝門外不出〟と言いながら、ほかの譜代久しき人々が読むことを前提にした書きようで、

「逆に彦左衛門はこの書を多くの人に読んでもらいたいという希望をもっていたのでは、と推測できる」(小林賢章訳『現代語訳　三河物語』注)

という意見に同感です。

では彦左は、この書を人に見てもらうことで何を期待していたのか。

と、考えた時、一つのヒントとなるのは、

「私はもはや、七十に及ぼうとしている身なので、今日明日をも知れないので」(〝我ハ早七十ニ及に罷成候らへバ、今明日之儀も不レ存候らへシ故〟)

という後書きのセリフです。彦左は続けます。

「今死んだら、ご主君にどれほど長く仕えてきたか、ご主君もご存知ないのだから、ご主君を仰いで当将軍様(家光)まで九代にわたって仕え続けてきた家柄であること

が分からなくなってしまう。それを我がせがれに知らせるため、我が先祖が徳川家にとって一度も敵とならず、忠節を尽くしたことや、自分たちの辛苦を知らせるために書いたのだ」

執筆動機のメインは「自分はいつ死ぬか分からない」ということ、つまりはじじいであることで、「もし今、死んだら真実が失われてしまう」という焦りがあるわけです。その真実とは「自家がいかに頑張ってきたか」ということで、そうした自家の歴史に比して、振るわぬ現状への不満が根底に横たわっている……。

この彦左の思い、既視感あります。

前作の『くそじじいとくそばばあの日本史』で紹介した、斎部広成《いんべのひろなり》の思いとそっくりなんです。

広成は、国が作った『日本書紀』には遺漏がある、書かれていないことがある、という鬱憤から、八十過ぎの高齢で『古語拾遺《こごしゅうい》』を書きました。

「もしも自分が今死んだらこの恨みを黄泉の地下世界まで持っていくことになってしまう」(〝忽然《たちまち》に遷化《みまか》りなば、恨《うらみ》を地下《したつくに》に含まむ〟)

という一心からです。その恨みの主たる内容は、神代の故実が廃れてしまうという恨み、具体的には斎部氏がいかに古くから祭祀に関わってきたか、それが正しく伝えられていないという恨みです。

斎部氏は古くから宮廷祭祀に関わってきたのに、中臣《なかとみ》氏の台頭で、大きな仕事は中臣氏に任されるようになってしまった。それで訴訟を起こし、中臣氏もまた訴えを起こすというゴタゴタの中、やっと斎部氏の役割が半ば認められたころ、広成は平城天皇からお尋ねがあった機をとらえ、斎部氏がいかに古くから宮廷の重要祭祀に関わってきたかを強調します。

つまり、先祖の活躍ぶりを伝えることで、現状をもっとよくしたい……それが広成の願いだったのです。

時代は八百年近く隔たりこそすれ、彦左の思いも同じでしょう。

彦左もまた、広成と同様、現状に不満があるからこそ、先祖の活躍ぶりを記した。それを知るのは年取った自分しかいないという思いがそうさせたのです。

若者の知らない昔を知っているということ。

それだけで老人は「歴史の証人」の資格があります。

広成と彦左に共通するのは、そんな「歴史の証人」であるということです。

古代の祭祀や徳川家の草創期の有様といった重要な歴史と共に、それに関わった自家の輝かしい過去を証言することで、過去の栄光と現状の溝を埋めたい……それが二人のじじいの主たる目的であったことは確かでしょう。

けれども……広成と彦左には大きな違いがあります。

広成の『古語拾遺』には、はっきりと平城天皇の御覧に入れる意図が示されて、「願わくは、この書が天皇にまで達し、ご高覧にあずかりますように」(〝庶《ねが》はくは斯《こ》の文《ふみ》の高く達《とほ》りて、天鑑《てんかん》の曲照《きよくせう》を被《かがふ》らむ〟)と締めくくられている。昔と比べて振るわぬ現状を何とかしたいという広成の願いは、ダイレクトに主上に向けられています。

一方、彦左の『三河物語』は、名目上は子孫に伝えるためと繰り返しながら、ご譜代久しき人々が見ることを期待していた。

もっと言えば、彼らを通じて三代将軍家光に伝えたかった。それによって過去の栄光を少しでも取り戻したい、現状や子孫の状況を上向きに変えたいと思ったのではないでしょうか。

それプラス、彦左が再三再四にわたって強調してきた〝門外不出〟に関わる目的があったと私は考えます。

それが、一族にとって不倶戴天《ふぐたいてん》ともなる政敵への憎しみの告白です。

憎しみを書き置くことが彦左流の老い支度

将軍家に対しては「微塵も感謝していない」という程度のことばにとどまった『三河物語』が、激しく憎悪をぶつけた相手は、本多正信《まさのぶ》・正純《まさずみ》親子でした。

ここでその背景を説明すると、『三河物語』を書き始めた当時、彦左の知行は千石に過ぎず、その後、二千石に加増になったものの、そのころ彦左の兄七人はすべて死没（三人は戦死）、大久保家の家名は、彦左の「双肩にかかっていた」（齋木一馬校注『三河物語』解説）といいます。

彦左は外腹、つまりは正妻以外の女から生まれた八男です。その彦左が一族の代表のようになってしまった一つのきっかけは、長兄・忠世（一五三二～一五九四）の子の忠隣《ただちか》（一五五三～一六二八）の不運でした。忠隣は六万五千石を領有する大名だったのに、家康の不興を買って、一六一四年に改易（所領・家屋敷・身分の没収）にあってしまったのです（孫の代で大名に復帰）。

『三河物語』によれば、この改易は本多正信（一五三八～一六一六）の中傷のせいだと世間では子どもまでもが言っている、と。

彦左曰く、正信は忠世に〝重恩〟を受けた者だからそんなことはないはずだけれど、

「もしや気持ちを翻して、中傷したということもあろうか」（〝若《もし》其心を引ちがへて、さゝへても有か〟）

と、正信の裏切りを疑い、におわせます。さらに、その〝悪しき因果〟の報いか、正信は、

「（改易から）三年も経たないうちに、顔に唐瘡《とうがさ》ができ、顔半分が崩れて奥歯の見える状態のまま死んだ」（〝三年も過《すご》さずして、顔に唐瘡を出かして、片顔くづれて奥歯の見へければ、其儘死《まましぬ》〟）

と言い、子の正純も改易になり、出羽や秋田へ流罪になった。

「（本多正信は）顔だけは人間でも心は畜生だったのか」（〝面《をもて》計ハ人々にて、魂ハ畜生に有物哉《か》〟）

と彦左は締めくくっており、この一文が『三河物語』本文の最終行となっています。

本多親子への憎悪というのは、『三河物語』のフィナーレを飾る大事な要素であるわけです。

そして、このあとに、日付と署名と〝子共（供）にゆづる〟という一文があって、以下、後書きが続きます。そこには冒頭の序文と同じ趣旨……自分は老いて明日をも知れぬ命であるとして、〝門外不出〟と言いながら、ほかの譜代の人々が読むことを前提にした文章……が綴られている。序文と異なるのは、

「この書物を書き置くわけは、人に見せようというためではない」（〝此書置儀は、人に見せんためにあらず〟）

という一文があることで、これが彦左の素直な思いなのではないか。

徳川の歴史、我が家の歴史、そして本多正信らへの憎悪……七十に及ぶ今、そのすべてを吐露したい。

自分自身が吐き出したいのです。

これはいわば彦左の老い支度であると私は考えます。

そう考えると、〝門外不出〟と言いながら人が見ることを前提にしている姿勢も理解できます。

大久保家の昔の忠節が多くの人に知られることで、これから先の大久保家の待遇が良くなってほしい……そんな思いがある一方、本多正信による大久保忠隣への中傷はそこらの子どもまでもが口にする周知の事実なのですから、今さら人に知らせるまでもありません。それでも、本多正信があんなに大久保家に良くしてもらったのに裏切ったことや、裏切った本多正信への憎悪は吐き出さずにいられない。ついでに現将軍への恨み言もあの世に持っていきたくない……しかしさすがにそれを多くの人にさらすのも憚られる……それで〝門外不出〟と繰り返したのではないか。

書くことで、自分の気持ちが癒やされる、成仏するということがあります。彦左も、どす黒い憎しみを抱えたままあの世に行くよりは、すべて吐き出してラクになってから死にたいと思ったのではないか。加えて、いかに自分が本多親子を憎悪しているか、子孫にも知っていてもらいたい、その憎悪を、引き継いでほしいという思いもあったかもしれない。

死ぬ前に憎しみを吐き出しておく

キリスト教には自分の悪い行いを自覚して告白する「懺悔」の習慣がありますが、

彦左の振る舞いはいわば「逆懺悔」。自分のマイナスの感情を自覚するという意味では、これもまた一種の「懺悔」とも言える。

七十を過ぎて、来し方行く末、自分を見つめ直し、とても人様には言えないような、どす黒い（と、彦左は思ってはいないはずですが）憎しみをすべて吐き出す。

それこそ、道綱母ではありませんが、胸がすっとするでしょう。

あの世に金は持っていけないとよく言いますが、憎悪は違います。

因果応報や来世を信じていた昔の人にとって、執念を抱えたまま死ぬことは、成仏の妨げとなる罪深いことです。

生きているうちに心の内を見つめ、マイナスの感情を吐き出した彦左の行為は、憎悪をあの世に持っていかない、それによって成仏の助けとなる……という点で、立派な老い支度であると思うゆえんです。

あなたも、もしも心にわだかまりがあるなら、今すぐ書き記してみてはどうでしょう。

ほんの少しだけ心が軽くなること請け合いです。

8　恋もファッションも年甲斐なくて幸せなばばあ

……六十近くで二十歳そこそこの若者たちとセックス

自己肯定感の低い日本人

日本の若者の自尊感情の低さがしばしば問題視されています。

内閣府「平成26年版　子ども・若者白書（概要版）」の「特集　今を生きる若者の意識～国際比較からみえてくるもの～」によると、「自分自身に満足している」は、アメリカが86％であるのに対し、日本は45・8％。一方、憂鬱感のほうは高く、「この一週間の心の状態について」の問いに対し、「ゆううつだと感じた」はアメリカが41％、ドイツが36・9％であるのに対し、日本は77・9％で、韓国の63・2％よりも高い数字となっています。

高齢者の満足度も低く、同じく内閣府の「令和3年版高齢社会白書（概要版）」の「第3節〈特集〉国際比較調査に見る日本の高齢者の生活と意識の特徴」によれば、令和二年の「生活満足度」は、「満足している」21・1％、「まあ満足している」60・4％、「やや不満である」12・8％、「不満である」3・4％と、満足度が高いようにも見えますが、アメリカがそれぞれ76・4％、18・2％、3・3％、1・4％であることを思えば、非常に低い満足度とも言えます。

日本人は自信がない、憂鬱気質なんですね。

老いても自信たっぷりな源典侍

その点、『源氏物語』の源典侍《げんのないしのすけ》は、自信満々、幸福感も高い。

なにしろ彼女、五十七、八という年齢で、色めいたことが大好き。ファッションも、実に華やかで見るからに色好みらしいのです。

好奇心を抱いた十九歳のイケメン貴公子である源氏が口説くと、

「自分には不似合いな相手と思う様子もなかった」（〝似げなくも思はざりける〟）（「紅葉賀」巻）

というのですから、自己肯定感が高いなんてもんじゃありません。

それもそのはず、彼女は内侍司《ないしのつかさ》の次官というキャリアウーマンである上、琵琶の腕前は並ぶ者がいないほど。家柄も高く気働きもあって上品で、源氏の父・桐壺帝の信任も厚い。ただ、物凄く浮気な性格（〝いみじうあだめいたる心ざま〟）で、色恋方面では重みに欠けるという設定です。

そんな彼女を、

「こんなに女盛りを過ぎてまで、なんでそこまで乱れているのだろう」（〝かうさだ過ぐるまでなどさしも乱るらむ〟）

と、源氏が不思議に思って試しに誘ったところ、彼女が〝似げなくも〟思わなかったため、二人は同衾。それを知った源氏の親友でいとこで義兄でもある頭中将《とうのちゅうじょう》もまた彼女を口説き、典侍は頭中将ともねんごろな仲になるのです。

源氏がいつも真面目ぶって意見してくるのをいまいましく思っていた頭中将は、源氏と典侍の関係を知って大喜び。「この機会に少し脅してやろう」と、ある時、典侍と源氏が寝ているところに忍び込みます。そうとも知らない源氏は、

「典侍がまだ忘れられないとか言っていた修理大夫《すりのかみ》かな」

と面倒になって、直衣《のうし》だけを取って屏風の後ろに隠れます。典侍はと言えば、年は取っても洒落っ気のある色っぽい人ですから、「こうした鉢合わせには馴れていた」

という設定なのも滑稽です。ところが、頭中将がふざけて太刀を取り出すと、さすがに気が動転し、

〝あが君、あが君〟

と手をすり合わせる様に、頭中将はあやうく笑いそうになります。

源氏も相手が頭中将と分かると、太刀を持つ頭中将の手を思いきりつねったので、とうとう頭中将は笑い出し、二人は仲良く帰宅するという落ちです。取り残された典侍は終始、

「色っぽく若作りにしたうわべは何とか見られるものの、五十七、八にもなる人が、恥も外聞も忘れておろおろしている様子、それも二十歳そこそこのイケメンの若者たちのあいだでびびっている姿は、ほんとに見られたものではない」

といった感じで、完全に笑われ役なのですが……。

この話には後日談があるのです。

十数年後、源氏が叔母の女五《おんなご》の宮のもとを訪れた際、出てきたのが典侍だったのです。

彼女はすでに七十過ぎ。尼となって、女五の宮のもとに身を寄せていました。

驚いた源氏に対して、彼女は相変わらず艶っぽい雰囲気を漂わせ、

「ひとごとだと思っていた老いが私にも」（〝言ひこしほどに〟）

と、今しも老いがきたかのような口ぶりです。

源氏は苦笑するものの、

「思えば彼女が盛りのころに競い合っていらした女御《にょうご》や更衣《こうい》は、あるいは亡くなり、あるいは入内《じゅだい》のかいもなく、心細く落ちぶれた人もいるらしい。藤壺の宮がお亡くなりになったお若さといったら……あきれるばかりの世の中に、年から言っても残り少なげで、心構えなどもふらついて見えた人が、こうして生き延び、のんびり仏のお勤めをして過ごしていたとは、やはりすべては定めない世の中なのだ」

愛する藤壺が三十七歳で死んでしまったことを思って、しんみりしてしまう。そんな源氏の様子を見た典侍は、

「心をときめかせて、若やいでいる」（〝心ときめきに思ひて、若やぐ〟）（「朝顔」巻）

うきうきしているというんですから、素晴らしいじゃありませんか。

まぁそういう典侍に源氏はげんなりするのですが、典侍本人は幸せいっぱい。たとえ勘違いでも楽しんだ者勝ちという気がします。

そもそも源氏のようなスーパー貴公子と、六十近くになって関係を持っただけでも凄いのに、七十過ぎて再会し、憂いに沈む源氏の姿に、またも心ときめかせて、「年を取っても親子ほども年の違うあなたとの契りが忘れられないの。私のことを親のそのまた親とかおっしゃった一言のために」（〝年ふれどこのちぎりこそ忘られね親の親とかいひし言《こと》〟）

なんて歌、よほどの自信がないと詠めませんよ。

こんな幸せ感度の高い女は、『源氏物語』にはほかにいません。

源氏の愛人の夕顔は源氏との逢瀬の最中、十九歳の若さで変死してしまうし、正妻の葵の上は夫と心が通じ合わぬまま二十六歳で出産後、死んでしまう。前東宮妃だった六条御息所は源氏の正式な妻になれぬ恨みを抱いたまま三十六歳で死に、源氏との密通に苦しんだ藤壺は三十七歳で死んでしまう。愛妻の紫の上にしても、高貴な新妻・女三の宮の登場で、眠れぬ夜に、身じろぎをするのも仕える女房たちに悟られまいと耐え続けたあげく、四十三歳で死んでしまう。

こんなふうに源氏との関係に苦しみながら早死にをした女君たちと比べると、七十過ぎまで幸せな勘違いをして生き抜いた源典侍の「一人勝ち」という感があります。

それもすべては彼女の自己肯定感の高さゆえ。

些細なことにも幸せを見つけて満足することが一つの悟りだとすると、典侍ほど悟りの境地に近い人はいないんじゃないでしょうか。

実在した源典侍

とはいえ、源典侍は実在しないじゃないか、との声もあるでしょう。

しかし実は、彼女には同じ呼び名のモデルがいたという説があります。

角田文衛によると、モデルとなったのは紫式部の夫・藤原宣孝《のぶたか》の同母兄である説孝《ときたか》の妻、源明子でした。

光孝天皇の曾孫の源信明《さねあきら》（九一〇〜九七〇）の娘で、その名も源典侍と呼ばれて宮中に仕えていた明子は、『源氏物語』が成立したと言われる一〇〇八年の前年である寛弘四（一〇〇七）年五月、五十歳ほどで辞表を出したといいます（『角田文衛著作集』第七巻）。

角田氏によれば、その原因は『源氏物語』の源典侍の描かれ方だというのです。

『源氏物語』の源典侍が明子その人ではないとしても、肝心なことは、

「当時の読者が源典侍と言えば誰もが源朝臣明子を想起したこと」

「明子が貞潔な婦人ではなかったらしいこと」（角田氏前掲書）

でした。

角田氏も指摘するように、『紫式部日記』によれば、『源氏物語』はまだ清書もしていないうちに道長や彰子をはじめとする宮廷人に読まれていた。寛弘四年、源明子が辞表を出したのは、明らかに自分をモデルにしたばばあが、若い公達のあいだで〝あが君、あが君〟などと醜態をさらし、それを明子に重ねた人々が「ひそひそ話」をすることへの抗議……角田氏はそう推測しています。

確たる証拠はないものの、源典侍と呼ばれる内裏付きの女官は当時、明子一人であり、ほかにも、修理大夫と関係があるらしいこと、のちに内親王と同居していることなど、『源氏物語』の源典侍と共通項がたくさんある。

明子が後任に指名した橘隆子（左衛門内侍）のことを、紫式部は日記で「自分の陰口を言っている」と書いているのも、明子の親しい部下だった隆子が紫式部に「激しい憎悪の念」を抱いていたからではないかと角田氏は推測していて、源典侍＝源明子説は、私もあり得ると感じます。

ちなみに明子は慰留され、辞表は受理されませんでした。これについて、角田氏は「当然なこと」と指摘しています。もしも『源氏物語』の筆禍事件を原因とする辞表であれば、受理されないのは当然でしょう。

明子が本当に辞任したのは十一年後の寛仁二（一〇一八）年。当時の慣習からすると、健康上の理由で、角田氏の言うようにおそらくその後、時を経ず死去したのでしょう。

『源氏物語』の筆禍事件で辞表を出したとしたら、くそばばあと呼ぶには気弱すぎますが、慰留されて十一年間頑張ったのは、あっぱれです。

現実にも物語に出てくるような、色好みのキャリアばばあがいたというわけです。

四十年下の青年と恋歌の贈答をした実在の七十ばばあ

ついでに言うと、歌の世界では、七十過ぎて四十も年下の青年と恋歌のやり取りをした婆がいます。

その名は祐子内親王家紀伊《ゆうしないしんのうけのきい》。『小倉百人一首』の、

〝音に聞く高師《たかし》の浜のあだ波はかけじや袖のぬれもこそすれ〟

の作者です。歌の意味は、

「噂に高い、高師の浜のあだ波じゃないけど、浮気男で知られたあなたの誘いには乗らないよ。あとでつらい目にあって涙で袖が濡れるといけないから」

というもので、『金葉和歌集』によれば、堀河院の御時、「艶書合《けそうぶみあわせ》」つまりは、公達《きんだち》と女房たちとでラブレター合戦をした際、藤原俊忠（一〇七三～一一二三）の次の歌への返歌として作られた歌です。

〝人しれぬ思ひありその浦風《うらかぜ》に波のよるこそ言はまほしけれ〟（人知れずあなたに恋をしています。荒磯の浦風で波が寄る、その波のように、夜になったらあなたに言い寄りたい）

磯や波にかけた俊忠の口説きに、同じく波で切り返したわけです。

問題はこの時の二人の年齢で、歌が詠まれた一一〇二年閏《うるう》五月当時、俊忠は三十歳。対する紀伊は七十歳ほどと言われています。

七十の婆が、三十そこその貴公子と、ラブレターのやり取りをしているんですよ！

もちろん、現実の恋のやり取りではなく、歌合の場での架空のやり取りです。

だけど年の差四十歳。しかも女が年上というのは、たとえ、架空のやり取りだとしても、そういうコンビが成立するということ自体、凄いと思いませんか？

同性の友達や仕事仲間と恋歌仕立ての歌を詠み合うというのは『万葉集』以来の日本の伝統ですが、この歌合の組み合わせは、高度なジェンダー意識と文化がないと実現しません。年の差婚といえば爺やおじさんと若い女とのそれ……とばかり思っている人は見習うべきでしょう。

9　世界でもまれな爺婆の色事を描いた江戸の春画

……長生きすればカップルも楽しい

老人の性に寛容だった前近代の日本人

爺婆にも性欲はあるというのは、今でこそ常識ですが、私の若いころ……三、四十年前……は、女は閉経したら性欲がなくなると本気で信じて、口にしている男がいたものです。

けれど私は古典文学を読んでいたので、若いころからそれが嘘っぱちであると知っていました。

古典文学には、『源氏物語』の源典侍が六十手前で二十歳そこその若者たちとセックスしたり、『伊勢物語』で〝つくも髪《がみ》〟（白髪頭）と歌に詠まれるお婆さんが、「なんとかして優しい男と逢えるようになりたいものだ」（〝いかで心なさけあらむ男にあひ得てしがな〟）

と願って叶えられたり（六十三段）、『万葉集』にも、

「老いぼれた婆さんなのに、こんなにも恋に沈むものなのか、幼子のように」（〝古《ふ》りにし　嫗《おみな》にしてや　かくばかり　恋に沈まむ　手童《たわらは》のごと〟）（巻第二・一二九）

という歌があったり、婆の色欲は時に笑われながらも、「ある」と認識されていました。逆に、どんなに年を取っても、閉経しても、「ある」と分かっていたからこそ、笑いものにされる場合もあったのです。

老若男女、性欲があって当たり前……という日本人の常識は江戸時代に入っても健在です。それどころか助長されている向きさえある。

というのも、春画には多くの爺婆が登場するからです。

これは世界的には珍しいことで、

「世界のエロティックアートにはほとんどあり得ない」（白倉敬彦『春画に見る江戸老人の色事』）

と言います。

春画には、爺と若い女だけでなく、婆と若い男、爺婆同士の性行為も描かれている。

白倉氏によると、

「老爺はともかく、老婆の性が話題になることは、西欧および近代日本においてはほとんどあり得ない。生殖能力を失なってしまえば、性とは無縁な存在と見なされてしまっていた」

と言い、私が若いころ、「女は閉経したら性欲がなくなる」と言っていた男は、こうした間違った性観念に毒されていたことが分かるのです。

春画が凄いと思うのは、老夫婦の性行為を描いていること。中には、「六十代半ば以上、七十歳過ぎの、皺《しわ》くちゃの老夫婦」が、工夫して色事に励もうとする図もあって、

「そんなエロティックアートは、世界中どこにもないであろう。日本の特殊事情である」（同前）

と白倉氏は言い、前近代の日本がいかに老人の性に寛容だったか、すべての性を肯定的にとらえていたかが浮き彫りになっています。

〝しなびまら〟が〝ひよろ〳〵と〟

キリスト教では、子作りのためのセックスはいいものの、快楽のためのセックスは

いただけないという価値観が基本にありますから、老人……とりわけ婆のセックスなどとんでもないということになったのでしょう。

一方、日本は『古事記』『日本書紀』という正史にさえ、神々のセックスで国が生まれたと記されるお国柄。善し悪しは別として快楽肯定主義であるために、老人になって生殖能力が衰え枯渇しても、当たり前にやること、という意識があったのかもしれません。

白倉氏の紹介する春画の中には、老いて弱くなった男性器を、夫婦で工夫してなんとかしようとしている微笑ましいシーンも少なくありません。その一つが勝川春章の『さしまくら』（一七七三ころ）の老夫婦像です。

ここでは、婆が「茶碗を取って来ましょう」と言って仰向けに寝て、茶碗を下腹部へ当て、「さあ、縒《よ》りを掛けなされ」と爺に言うと、「合点じゃ」と爺は、〝陰茎《まら》の頭〟を持って、ネジ巻きよろしく左に縒りを掛けます。一方の婆は自分の性器に茶碗を強く押しつけてひねると、〝皺陰戸《ぼぼ》〟（皺くちゃの性器）が〝ぱつかり〟と広がる。そこに爺が、縒りを掛けていた〝しなびまら〟の先端を押しつけ、ぱっと手を放す。その拍子に、

〝ひよろ〳〵とはゐる〟

しなびたちんに縒りを掛け、ぱっと手を放すことで、その反動でスクリューのようにくるくると回転した爺のちんを、茶碗を押しつけて広げておいた婆のまんに入れるわけです。

「ひょろひょろ」という擬態語も滑稽で、爺婆の涙ぐましいまでの創意工夫に、思わず笑いがこみ上げてきます。

それでなくても、爺婆二人して満面の笑み、幸せそうなにんまり顔をしているのですから、こっちもつられて笑顔になってしまう仕組みです。

縁起物としての爺婆の性

日本では、夫婦が共に老い、同じ墓に入るほど仲良しであるという中国由来の「偕《かい》老同穴《ろうどうけつ》」が理想とされ、そこに「夫婦和合」の思想が加味されて、春画にも反映されているのかもしれません。

そのせいか、爺婆の色事の絵は、縁起物の趣さえある。

117頁の画を見てください。

この画も白倉氏の前掲書で知ったもので、歌川豊国の『絵本開中鏡《かいちゅうかがみ》』下巻の最後に配されています。

白倉氏によれば、結婚の祝いに飾られていた人形の尉《じょう》と姥《うば》が、「新郎・新婦の初夜の営みを見ているうちに淫情を催してしまった」といいます。姥曰く、

〝此年になるまでするといふは、めでたい事でござるよ〟

夫婦が爺婆になるまで性行為をできるというのは、めでたいこと、良きことだと、祝っているのです。

だからこそ、性行為に励む爺婆像が春画集のトリとなっている。フィナーレを飾っているわけです。

爺婆の色事はずばり縁起物。

その年まで夫婦揃って長生きし、仲良く励めるということが最高の幸せなのです。

ちなみに白倉氏によれば、

「当時もいまも、春画の受容層はかなり年齢層が高く、五十、六十歳以上の人々が多

立命館大学ARC所蔵（arc BKE2-0003）

い」

「江戸期の画師たちは、そのことを認識していたがゆえに、このような老人の登場を趣向として考え出したともいえる」

と言います。

もちろん、春画の大半は若い男女のセックス図で、爺婆の色事と言っても、爺と若い女、婆と若い男との「浮気の図」が多いのだそうですが、締めくくりに老夫婦の色事を配する絵師の心には、それが性の理想像、大団円という観念があったのでしょう。性教育的な観点からしても、こうした老夫婦像を配するというのは意味があると私は考えます。

今の週刊誌も受容層は年寄りなのですから、若い女のヌードばかりじゃなく、爺婆の色事でも載せたらいいのに……と。もっともアダルトビデオには爺婆の絡みもあるようで、このジャンルに関しては、今も昔も日本は進んでいるのかもしれません。

10 伊能忠敬の遅咲き人生
……隠居後、諸国巡りで地図作りの大仕事

長生きしたから好きなことができた

伊能忠敬《いのうただたか》（一七四五〜一八一八）といえば、日本全国を歩いて回って計測し、初めて日本地図を完成させたことで有名ですが、彼が実際に測量に出かけるようになったのは五十六歳の時のことで、そこから十五年間、七十一歳になるまで、足かけ十六年かけて、全国測量を行いました。

忠敬が前人未踏の大仕事を手がけていたのは爺になってからなのです。だからといって若いころにぼんやり暮らしていたわけではありません。

上総国の名主の小関家に生まれた忠敬は、七歳の時に母を亡くすと、婿だった父は離縁され、忠敬だけが小関家に残されます。そして一七六二年、十八歳で下総国の伊能家に婿入りする。伊能家は代々名主をつとめる名家で、運送業や酒造業などを手が

ける大商家。跡取り娘のミチが婿をとって家を継いでいたものの、この婿が急逝し、ミチより四歳年下の忠敬が二番目の婿になったのです。算術好きな忠敬は天文暦学に興味を持ちながらも家業を盛り立て、天明の大飢饉や凶作も乗り切りながら、家督を長男に譲ることで隠居を果たします。時に五十歳。翌年五十一歳で、念願の天文暦学を学ぶため、江戸の深川黒江町（今の門前仲町）に引っ越します。幕府の天文方《てんもんかた》をつとめる高橋至時《よしとき》（一七六四〜一八〇四）の弟子になるためです。

今で言えば、定年後、留学するようなものでしょうか。

婿としての仕事を勤め上げ、家督を長男に譲った五十歳を過ぎて、やっと念願の天文学を学ぶことができたのです。もしもその前に死んでいたら、天文学を学ぶことができないのはもちろん、日本地図も作ることができなかったのですから、本当に長生きって大事です。当時、長生きな人もいるとはいえ、五十歳以下で死ぬ人も多いですからね。四歳年上の妻ミチも四十三歳で死に、その後、忠敬は内縁の妻や二番目の妻を迎えていますが、彼女たちとも死別しています。

人を年齢で判断しない

大石学監修『伊能忠敬──正確な日本地図をつくった測量家』（文・西本鶏介、絵・青山邦彦）によると、高橋至時のもとで学ぶ忠敬は、正確な暦を作るためには地球の大きさを知らなければならないことを知ります。地球の大きさは、子午線（経線。地球の北極と南極を結んだ線）の緯度一度分の正確な長さをもとに計算するのですが、その長さは、短い距離をもとに計算するより、長い距離をもとにしたほうが誤差は小さい。それで遠い地点までの長い距離を測りたいと思っていました。その思いは師匠の至時も同じでした。そんなころ、蝦夷地《えぞち》（北海道）にロシアがやって来て、日本との国交を幕府に求めていた。ロシアが日本の領土を狙っているのではと警戒した幕府は、ロシア対策のため、蝦夷地の地図を必要としていました。そこで至時は蝦夷地測量を願い出て、その許可が一八〇〇年に下ります。こうして忠敬と共に歩測で距離を測りながら、蝦夷地と奥州街道の地図を作って幕府に提出。これが最初の測量だったのです。

この時、忠敬五十六歳ですよ。

師匠の高橋至時は三十七歳。忠敬より十九歳年下です。

ところが、この師匠の至時は、四年後、四十一歳の若さで病死してしまいます。あとを継いで天文方となったのは至時の子の景保《かげやす》（一七八五〜一八二九）で、忠敬は四十歳も年下の景保に師事しながら、測量の仕事を続けます。

忠敬は、年下の理系男子との相性が良かったのか、忠敬に測量術を学び、樺太を探検した間宮林蔵（一七八〇〈一七七五年説もあり〉〜一八四四年）も忠敬より三十五歳も年下で、忠敬は息子に宛てた手紙の中で、林蔵のことを、「日本ニ稀なる大剛者《たいごうのもの》」（小谷野敦『間宮林蔵〈隠密説〉の虚実』）と呼んで評価していたといいます。もっとも林蔵が忠敬の弟子であったことは確かなものの、「二人が会う機会はなく」「せいぜい手紙で初歩の知識をおしえた程度ではなかろうか」（赤羽榮一『未踏世界の探検　間宮林蔵』）という説もあり、二人の仲がどの程度親密であったかは不明です。

林蔵は変人で有名だったので、忠敬が合わせていただけかもしれません。

至時などは自分よりずっと位の高い、天文方のお偉いさんである上、師匠なのですから、いくら年下でも敬意を示すのは当然ですが、この師匠の至時が年上の忠敬を気に入っていたようで、熱心に天体観測に取り組む忠敬を「推歩《すいほ》先生」と呼んでいました（星埜由尚『伊能忠敬――日本をはじめて測った愚直の人』）。天体の運行を推測することを「推歩」というところから名づけたのです。揶揄したのか、敬意を込めたのかは分かりませんが、いかにも親しみがこもっているように感じられます。

八十代で、四十五歳年下の藤原道長に重用された安倍晴明もそうですが、老年期に成功する爺は、うんと年下の貴人に面白がられる、うざがられない、ということも大事な要素です。

うんと年下の上司に仕えなくてはならないというのは平安時代も江戸時代も似たようなものですが、儒教思想が普及しておらず、身分が物を言う平安時代に生きた安倍晴明はともかく、年上を敬えといった道徳観の強かった江戸時代、これは意外と難しいことだったかもしれません。身分が上であるから頭は下げても、もしも年齢にこだわる価値観が強ければ、「この若造」と、どこかで思ってしまうでしょう。

年下の者と良い関係を保つことができるというのは、人を年齢で判断しない、ということでもあります。童門冬二の『伊能忠敬――「生涯青春」の生き方哲学』によると、忠敬は、伊能家の婿として家業に励んでいたころ、「この婿殿は、古いしきたりを重んじない」と伊能家の人にも地域の人にも初めは反発されていたといいます。それが、忠敬が結果を出すにつれ、今までのやり方よりも良いということに皆が気づき、忠敬は認められていった。忠敬は、五十歳で引退するまでに伊能家の財産を二十倍くらいにしたとも言われています（酒寄雅志監修・小西聖一『ＮＨＫにんげん日本史伊能忠敬』）。

古い日本のしきたりにとらわれない忠敬にとっては、年齢などは大した問題ではなかったのかもしれません。

実は野心家

一方で、忠敬は、幼いころから大きなことをしたい、という欲望を抱く野心家でもありました。長女イネに宛てた手紙で彼は、

「吾等幼年より功名出世を好み」

と書いている（星埜氏前掲書）。

幕末の激動期、生活にゆとりのある豪農や商人の中には、彼のような野心を抱く者は少なからずいたでしょう。けれどそうした野心は、どんなに努力しても、たとえば至時のように早死にしたのでは、叶うことはありません。

忠敬が測量による日本地図作製という大事を成すことができたのも、とにかく長生きをしたおかげです。

そして長生きは本人の努力だけでは叶いません。

遺伝や生活習慣に加え、事故や戦争にあわない運も必要です。いわば長生きな人は天に恵まれた存在です。忠敬ほど、そうした自分の恵みを感謝していた人はいないように思います。

一八一八年四月、日本地図を作製し、幼いころからの望みを達成した忠敬は、七十四歳でこの世を去ります。その際、

「忠敬ののぞみどおり、自分よりも早くなくなった恩師、高橋至時の墓のそばにほうむられました」（大石氏監修前掲書）。

そして高橋至時の子・景保が忠敬のあとを継いで地図作りの指揮を執り、三年後の一八二一年、ついに「大日本沿海輿地全図」が完成。これを見たオランダ商館付医師のシーボルトは、「日本にもこんな正確な地図があったのか」（大石氏監修前掲書）と驚いたと言います。

ちなみに、一八二八年、この地図の写しをシーボルトが国外に持ち出そうとしたことが発覚し、写しを贈った景保は投獄され、激しい拷問を受けた末、翌年、獄死。遺体は塩漬けにされ、さらしものにされます。獄死から一年後、その遺体に下された判決は「生きてあらば死罪」というものでした（「日本地図を奪え！　オランダ発秘密指令／追跡・シーボルト事件」……ＮＨＫ取材班編『堂々日本史』第17巻所収）。世に言うシーボルト事件です。

この事件が起きたのは忠敬の死から十年後のこと。もしも忠敬が生きていたら、どんなことになっていたのでしょう。事件を止めることはできたのか。できなかったとすれば、敬愛する至時の子にして、上司でもあった景保のつらい最期にあわずに幸いだったと言えるでしょうか……。

11 シーボルトの見たスーパーじじいたち

……かくしゃく老侯・島津重豪、アイヌに同情した最上徳内、神医・土生玄碩

八十四（八十二）歳にして六十五にしか見えなかった島津重豪

シーボルト（一七九六～一八六六）の『江戸参府紀行』には、三人のスーパーじじいが登場します。

その一人が〝薩摩侯〟です。

〝薩摩侯〟とは薩摩藩の老侯、島津重豪《しげひで》（一七四五～一八三三）。一七八七年、四十三歳の折に家督を息子に譲って隠居しますが、娘が将軍家斉の正室（近衛家の養女となってから輿入れ）だったため、将軍の岳父（舅）としてその後も影響力を保ち、「藩政にも関与していた」（斎藤信訳『江戸参府紀行』注）。

江戸に滞在中のシーボルトと出会った一八二六年当時の重豪は八十二歳（『江戸参府紀行』によると八十四歳）。にもかかわらず、

「たいへんに話がお好きで、耳も目も全く衰えをみせず強壮な体格をしておられたので、せいぜい六五歳にしか見えない。対談ちゅうにはところどころでオランダの言葉を使い、侯の注目を集めたいろいろな品物の名をたずねられた」（斎藤氏前掲書）

といいます。

新し物好きな殿様というのは多いものですが、重豪は、「藩主であった若いころから蘭学に興味を抱き、各方面においてこの新しい学問をとり入れた。書面をしたためるにも、第三者にわからないように、いまでいうローマ字を使用したという」（同書注）から、驚きです。

十九世紀前半、オランダ商館付医師であったドイツ人のシーボルト相手にオランダ語をまじえて会話するとは、好奇心と向学心、知識欲にあふれたかくしゃくたる老侯像が目に浮かびます。

初対面の四月十日（旧暦三月四日）から五日後、重豪は、正式にシーボルトを訪問し、彼の贈り物に対し、「以前に帝《みかど》から下賜されたご自分の扇子をくださった」（斎藤氏前掲書）。当時、将軍に下賜されたものを外国人に贈るのは禁忌ですが、天皇からの下賜品は贈っても問題がなさそうなのは、この時代の天皇観というものについて考えさせられます。武士のあいだでは、将軍のほうが畏れ多い存在だったのかもしれません。

島津家の家族を見たシーボルトは、

「端正・礼儀作法と上品、心からの親切・誠実・誇りの影さえみせぬつつましやかな教養などはお丈夫な老侯にも、子供たちや夫人たちにも現われていた――要するにこれらすべては、教養あるヨーロッパ人の尊敬に値する特性である」（同前）

と、ヨーロッパ人による上から目線ではありますが、日本の上流階級が、ヨーロッパの教養人に遜色のないことを伝えています。

重豪は、その後も生き続け、八十九年の生涯を閉じます。

シーボルトに尊敬された最上徳内

下級官吏でありながら、この老侯にまさるとも劣らぬ敬意をシーボルトが寄せていたのが最上徳内（一七五五〜一八三六）です。「老友」（『江戸参府紀行』四月二十一日＝旧暦三月十五日）、「尊敬している老友」「功労の多い立派な老人」（同五月二十一日＝旧暦四月十五日）と最大限の賛辞を惜しまず、長崎に戻る際、徳内が江戸から小田原まで「送って来てくれた」と謝意を込めて記しています。

これは徳内が、「絶対に秘密を厳守するという約束で、蝦夷《えぞ》の海と樺太《からふと》島の略図が描いてある二枚の画布をわれわれに貸してくれた」（同四月十六日＝旧暦三月十日）ためで、日本のことを調べる目的で来日しているシーボルト（スパイ説もあります）にとって、徳内が多大な利益をもたらしたということでもありますが、そうした功利的な面だけでは、この大きな敬意は説明できないものがあります。

徳内は、日本初のまとまった北海道研究の名著『蝦夷草紙《えぞぞうし》』（一七九〇序）を記し、その中でアイヌが置かれた状況に同情し、松前藩による同化政策を批判的に見ています。そして松前藩が、若いアイヌに月代《さかやき》を剃らせ、〝日本人の風俗〟を勧めて、米や酒を与えたところ、その親類がこう嘆いたと伝えます。

〝病死するは是天命なれば、哀むといえども除くべきようもなし。今月代を剃〈ママ〉り、先祖より受けたる姿を失い、衆人に交りを結ぶ事も能わず、天の罪を遁《のが》るる所なし〟（後編之中）

病死するのは運命で避けようもないが、月代を剃って先祖伝来の姿を失えば、仲間と交流もできず、天罰を受けるだろう、というのです。

こうしたアイヌの嘆きを伝える徳内は、

〝其教を修めて其俗を易《か》えず、其政を斉《ひとし》うして其宜を易えず。是実に寒国を治むるに思い当りたる事なり〟（同前）

と、人々はそれぞれの環境に応じた暮らしをしているのだから、その風俗や便宜とするところは変えないほうがいいという古代中国の『礼記』王制編の一節を引いて、アイヌを治めるためにも当てはまることだと主張します。

アイヌ独自の文化習慣を尊重しながら治めるべきだというのです。

これは十八世紀末当時の見識としては、異例に深いものがあります。

二十世紀に至っても、オーストラリアの先住民アボリジナル（現地ではアボリジニというのは差別的な用語だそうです）の子を親から引き離し、西洋的な教育をたたき込もうとしたオーストラリア政府や教会による同化政策が一九六〇年代まで行われていて、二〇〇八年になってやっと正式に謝罪されたことを思えば、徳内の主張がいかに先進的であったかうかがえます。

徳内は、異国へ売られるアイヌの惨状を松前藩が数十年来も関知せずにいたことを非難し、

〝たとい数万両の金を捨つるとも、是迄取られたる蝦夷を返したく思う事なり〟(同前)とまで憤慨しています。

シーボルトが徳内と出会った一八二六年当時、徳内は七十二歳、シーボルトは三十一歳でした。

その深い人間理解と知識に裏付けられた人柄にこそ、シーボルトは、敬意を抱いたのではないか。

身分や年齢、国境を越えて徳内に友情を感じていたシーボルトは、今後二十五年間は出版しないという約束通り、きっちり二十五年後の一八五一年、『日本陸図および海図帳』と、『日本』の第十三回配本に、徳内の提供した樺太図を収めたのでした(島谷良吉『最上徳内』)。

拝金医者か救民の神医か　土生玄碩

眼科医の土生玄碩《はぶげんせき》(一七六二〜一八四八)もシーボルトに関わった老人の一人です。玄碩は、目の見えない人に光を取り戻すこと数十名、時の人に〝神医〟(加藤咄堂『啓発録』)と呼ばれるほどの名医で、一八一〇年には、十一代将軍家斉の侍医となります。

そんな玄碩がシーボルトと関わることになるのは、島津重豪や最上徳内と同様、シーボルトが長崎のオランダ商館長の江戸参府に従って、江戸に滞在中のことでした。一八二六年四月二十日（旧暦三月十四日）、シーボルトが目の手術について講義する際、幕府の侍医が立ち合っていました。

五日後、シーボルトは「将軍の侍医、とくに眼科医の訪問をうける」（斎藤信訳『江戸参府紀行』）と記しており、斎藤氏の注によると、この侍医こそが、当時六十五歳の玄碩でした。シーボルトはここで「瞳孔をベラドンナによってひろげる若干の実験を行なう。そのいちじるしい効能に大喝采を博す」とあって、居合わせたのは玄碩だけでなかったようですが、門人の水野善慶が玄碩のことばを記した『師談録』（『杏林叢書』第三輯）によると、瞳孔を広げるための〝一奇法〟をシーボルトに問うても、秘して伝えてくれなかったため、〝萬方請求〟（あらゆる手段で請求）して、やっと薬の名を教えてもらった。けれどオランダ語のため分からず、その薬品は我が国にあるかと問うと、シーボルトはあると言って、小冊子を示して尾州の宮にあることを教えてくれた。シーボルトが長崎から江戸に参る時、路傍でそれを見た、と言うのです。大喜びした玄碩は、

〝即チ御賜ノ外套ヲ脱シテ之ヲ与フ〟

将軍から下賜された葵の御紋付きの外套をシーボルトに与えてしまった。

かくて二年後、高橋景保がシーボルトに日本地図を贈っていたことが発覚すると、玄碩が葵の紋服をシーボルトに贈ったことも明るみに出てしまいます。

葵の紋服を外国人に贈ることは禁じられていたため、玄碩は捕らえられ、家土地財産すべて没収され、跡継ぎの玄昌も職を追われてしまいます。やがて時が経ち、天保八（一八三七）年、十二代将軍家慶の眼病が再発した際、玄昌が召されて功があったため侍医に復帰し、玄碩も獄から出ることが叶ったのでした（富士川游『日本医学史綱要』2）。

時に玄碩七十六歳。シーボルトの『江戸参府紀行』注によれば、玄碩の刑がゆるめられ、家族との面会がゆるされたのは天保十四（一八四三）年と言い、それだと、八十二歳になります。

そしてここからが驚きなのですが、以後、玄碩が深川木場で医業を再開すると、治療を求める者が門に満ち、隆盛を極め、八十七年の天寿を全うしたのでした（小泉栄次郎『漢法方剤の新研究　総論』）。

玄碩がシーボルトに瞳孔を広げる薬品と引き換えに、葵の紋服を贈ったのが六十五歳の折。これによって玄碩は、ベラドンナの代わりに日本のハシリドコロを使用して白内障の手術を成功させます。

現代人の定年の年齢で、なおも新しい研究成果を取り入れようとする学究心、国禁の紋服と引き換えにしてでも、先進医療を得たいというプロ意識だけでも並大抵ではないのに、十年前後、獄につながれ、自由になった七十代後半（もしくは八十代前半）から、なおも医業に精を出す玄碩のパワーは凄まじいものがあります。

加えて玄碩の蓄財は相当なものだったようで、大勢の患者からの治療費が畳の上に積もったのをひとまとめにして、ひまな時に長持ちに投げ入れ、数年もそのままにして、またひまな時に包み紙から金子をはがして、紙は家の用途に宛て、下女などが金のついたままになっている紙を見つけて報告すると、そのままくれてやった、といいます（布施昌一『医師の歴史』）。

このエピソードだけだと、金に無頓着なようにも見えますが、布施氏によると、シーボルト事件に連座して入牢を命じられた玄碩は、「何につけても金が第一だといって、家族に命じて金銀を油樽二つに入れ、深川の高橋《たかばし》に沈め、家族の生活費と在牢中の賄賂に備えた」（前掲書）ともいいます。

自身は金に無頓着ながら、世間がいかに金で動くかを熟知している。名医というだけでなく、世智に長けているのです。

家族のためを思い、目の病に悩む人々のために、危険を冒して先進技術を得ようとしたプロ意識に加え、良い意味で政治家的なまでに世馴れた玄碩は、スーパーじじい以外の何ものでもありません。

12 江戸の同性愛じじい、男色をしてみたかった老士、長寿の秘訣など

前近代の日本人は、男色に馴染んでいたとよく言われます。確かに、井原西鶴の『好色一代男』の主人公も五十四歳までに交わった数は、女三千七百四十二人、少年七百二十五人と、女色男色の両道が当たり前のように描かれています。

逆に言うと、当時の男色は今の同性愛と違い、基本的に「両刀」であったことが分かります。

『東海道中膝栗毛』の弥次さん喜多さんも男色の仲ながら、妻を持ったり、行きずりの女に色目を使ったり……。

一方で、今で言う男性同性愛的な男色家は、江戸時代には「女嫌い」と言われていたようです。

愛を貫いた六十代の二人

西鶴の『男色大鑑《なんしょくおおかがみ》』（一六八七）には、六十過ぎても女には見向きもせずに暮らした男同士が描かれています。

そのみすぼらしい住まいは谷中の門前町にあって、

〝御痔《ぢ》の薬あり、万《よろづ》によし〟

という板きれが軒にぶら下げてある。肛門性交には痔がつきものなので、痔の治療は得意分野なのでしょう。

亭主は貧しい浪人で、朝夕の友と言えば同じ年ごろの老人と、まだらの狆《ちん》一匹。はた目には、いい隠居友達に見えていたものの、実はこの友達というのは、昔、玉《たま》嶋《しま》主水《もんど》といって、飛ぶ鳥も落とす勢いの美少年だった。そして浪人は、豊田《とよだ》半右衛門という武芸の達人で、主水が十六歳、半右衛門が十九歳のころから互いに深く愛し合っていた。ところが別の男が主水に横恋慕して、諦める様子がなかったので、半右衛門と男は決闘に及ぶ。そして、主水と二人して、相手の男はもちろん、その助太刀の者まで一人残らず討ち果たし、その夜、二人で駆け落ちして、世間を憚る身となったのでした。

今年、主水は六十三歳、半右衛門は六十六歳。二人とも、女の顔も見ず、半右衛門は今も主水を若衆のように思い続け、主水のほうも額を若衆時代のまま剃ることもなく、昔を忘れず、房楊枝《ふさようじ》で歯を磨いたり、ヒゲを抜いたりして、身だしなみを整えているのでした。

そして、男と女の足音を屋内から聞き分けて、男の時は〝もしや若衆か〟と走り出て眺め、女の時は戸口を閉め、味気ない気持ちになって逼塞《ひっそく》する。美女たちが二人の家の軒下に雨宿りしながら、

「こういうところに知り合いがいたらねぇ。煎茶をいれさせて夜まで遊んで、傘を借りて、場合によっては晩ご飯もご馳走してくれたら食べて帰るのにね！」

などといい気なことを言って中を覗くと、手元の竹箒《たけぼうき》をひっさげて、

「むさくるしい、汚い、あっち行け！」

と追い立てて、そのあとに乾いた砂を撒き、四度も五度も地面を固め、塩水で浄めるという徹底ぶり。「これほどの〝女嫌ひ〟は、江戸広しといえども、ほかにみたことがない」と話は結ばれます（巻四の四「詠《なが》めつづけし老木《おいき》の花の頃」）。

この二人などは筋金入りで、同性愛ということを超えて、末永く愛し合う二人だけの世界を描いていると言える。

高齢になっても変わらず愛し合う男同士というのは実在したようで、『麓の色』（一七六八）には、荻野八重桐という歌舞伎役者が、深く語らう男色相手のために、六十を過ぎても〝童形〟を貫いた、つまり額を剃らず、若衆のままの髪型を保っていたとあります。そして年老いてなお互いに〝男色の情〟を忘れず、常に睦まじく交わっていたといいます（巻五）。

現実の武士の世界では、男色絡みの事件が起きたことなどを受けて、藩や幕府からは男色禁止令も出たといいますが（乃至政彦『戦国武将と男色――知られざる「武家衆道」の盛衰史』）、少なくとも文芸においては、男色は好意的に見られていたようです。

男色をしてみたかった老士

西鶴は、先の話で、男色を、

〝女道《にょだう》とは格別なる色あり。女は仮《かり》なるもの、若衆《わかしゅ》の美艶《びえん》は、この道にいたらずしてわきまへがたし〟

と称えています。このように男色を女色より上とする姿勢の陰には、女性蔑視の思想が潜んでいるとも言え、愛に女色も男色もないものだと私などは思うのですが……。

少年の性を買える、「子供屋」と称する店もあり、男色が身近だった江戸時代、「一生のうちに一度は」と思う人も実在しました。

江戸後期の雑話集『耳袋』（一八一四）は、「老耄《ろうもう》奇談の事」と題してこんな話を伝えています。

藤沢某なる老士が、ある時つくづく思うには、「私は若い時からあらゆることをして、およそ天地の内のことで、しなかったということはないが、子どものころから、人と〝念友《ねんゆう》の交り〟（男色相手との関係）をするとか〝若衆〟になったことはない。どういうものなんだろうな」と。

けれどもとより醜男の上、老い衰えていたものですから、相手をしてくれる者はもちろん、わけを話して頼む相手もいそうにない。そこで、ふと思いついて、男根の張《は》形《かた》（陰茎の形に作った性具）を入手して、春の日、縁側近くで、一人でその張形を使って男色行為をしていたところ、老衰で足が弱っていたため、腰をついてしまった。その拍子に、張形が根元まで肛門の中に突っ込まれてしまい、〝わっ〟と言って気絶してしまった。

その声に驚いた子や娘などが駆け集まって見ると、気絶しながら尻がまくれており、様子がおかしいので、医者だ、薬だ、と騒いでいた。が、赤い紐が、尻をまくった脇に見えたので、確かめてみると右のような有様なので、張形を引き出し、薬など与えると、ようやく意識を取り戻した。本人は「こういうわけで」と語ることもできず、家族も聞きにくくて、双方、驚いた中にも、笑いを含んでいたのでした（巻の三）。

一体、何歳の老士かは分かりませんが、老いの果て、「今までやり残したことはないだろうか」と考えたところ、「やりたいことは全部やってきた。ただ、男色だけはやり残した」と思い当たったのでしょう。かといって老醜の身にはもはや男色の相手をしてくれる者はいない。それで張形を入手し、恐る恐る肛門に入れていたところ、根元まで入って気絶してしまった、と。

春画には、女が張形に赤い紐を付け、腰に結わえて、別の女と性行為をしているような図があるので、赤い紐は張形とセットになっていることが多いのでしょう。

無骨な老士が、生涯に一度だけ男色をしてみたい……と考えているくだりは、少し哀れをそそるものがあります。

鶴に学ぶ長寿の秘訣

ちなみに、この話を伝えた根岸鎮衛《やすもり》（一七三七～一八一五）は町奉行で、七十九歳で死ぬ前年、つまり七十八歳という高齢まで十巻に及ぶ『耳袋』を書き続けました（自跋によると七十三歳ですが、鈴木棠三編注『耳袋』1解題によるとこれは巻五の跋で、内容の下限は文化十一年、つまり「没する前年」といいます）。そこには自身の体験を踏まえた長寿の秘訣も記されています。曰く、

「自分は七十歳近くで、近ごろ三度の食事もほどほどにして、少なめに食っていたら、何となく気分が良かったのだが、同年配の者は皆、同じことを言っていて、『食事はたとえ若い時でも、むやみに腹一杯貪るのは、避けるべきだ』と言い合っていたところ、御鷹匠のトップの戸田五助が言うには、『総じて鳥類を料理すると、どの鳥も餌が腹に充満している。鶴だけは、腹六、七分目で、満杯ということはない。鶴はことわざにも千年の寿命と申し伝えているから、他の鳥よりも長生きだ。その減食のいわれもあるのではないか』」

それで、

〝過食は厭《いと》うべき〟

と、その座の人々に語ったといいます（巻の六）。

最近、飢餓状態になるとサーチュイン遺伝子（長寿遺伝子）というのが働いて長生きにつながるという説も唱えられています。根岸鎮衛や仲間たちは江戸時代にあって、そのことを実感的に認識していたわけです。長寿の鶴の胃が食べ物で満たされていないといった鷹匠の証言も加えて、長生きの秘密にアプローチしようとする姿勢には、科学の精神が感じられます。


鎮衛に限らず、江戸時代、随筆を残した人は長生きが多く、というか長生きだからこそ、隠居後、文章を書く人が多かったのでしょう。正篇百巻、続篇百巻、第三篇七十八巻という膨大な量の随筆『甲子夜話《かっしやわ》』を書いた大名、松浦《まつら》静山（一七六〇〜一八四一）は、文政四（一八二一年）、六十二歳の甲子の夜に筆を執り始め、八十二歳で死ぬまで執筆し続けました。静山は、最上徳内とも面識があり、彼から聞き取ったことを同書に書き記しています。徳内は当時〝億内〟と改名、静山の屋敷の近所に住んでおり、それを知った静山は、七十三歳だった天保二（一八三一）年正月二十二日、当時七十八歳の徳内と初めて会って、〝「サンタン」人〟や〝魯西亜人〟のこと、また〝蝦夷はみな義気ある風俗なり〟等々といった徳内の話を伝えています（続篇巻五十七）。

サンタンはサンタ、山丹、山靼とも書き、『甲子夜話』によれば樺太から百里ほどの黒竜江のあたり。徳内の『蝦夷草紙』後編之中によれば、アイヌと交易し、アイヌの支払の足りない分としてアイヌ人を連れて行った。つまりは人身売買で、徳内はそれを促し見過ごしにした松前藩にも憤っていたものです（⇩11）。

静山は、先に紹介した『耳袋』も読んでおり、その著者の根岸鎮衛のことは〝人と為《な》り鄙野にて、礼法に疎なる〟、野卑で礼法を知らないと記しています（巻二）。

13　老いて人を笑わせる「力わざ」発揮
……清少納言の父と、戦国生まれの落語の元祖

人を笑わせることを得意とした面白じじい　清原元輔

キレる老人というのが一時期、問題になりました。確かに年を取ると、怒りっぽくなる向きは性差を超えて多い印象です。

平安時代にも老いて偏屈になることを意味する〝老《おい》ひがむ〟とか〝老のひがみ〟といったことばもあって、頑なで短気になる様が『落窪物語』や『源氏物語』などに描かれています。

「四十にして惑わず」とか「六十にして耳順《したが》う」というのも、四十は惑いがち、六十は人の意見を聞かない傾向があるから、それを戒めたものなのかも……と思うほどです。

年を取ると自分が分かってくるどころか、かえって自分を見失いがちになるのかも

しれません。

そんな中、老いてますます人を笑わせる、楽しいじじいが昔も実在しました。

その極めつけが平安時代の清原元輔《きよはらのもとすけ》（九〇八〜九九〇）です。三十六歌仙の一人という有名歌人ですが、清少納言のお父さんと言ったほうが、現代人にはピンとくるでしょう。

『今昔物語集』によれば、元輔は〝馴者《なれもの》〟の〝翁《おきな》〟（世馴れた爺さん）として有名で、面白いことを言って人を笑わせることを得意としていました（巻第二十八第六）。

そんな彼が、賀茂祭（葵祭）に朝廷から遣わされる使者として一条大路を渡っていた時のこと。馬がつまずいたため、元輔は馬から真っ逆様に落ちてしまいました。

祭見物の公達が気の毒に思っていると、元輔は素早く起き上がったものの、冠が脱げ、お盆をかぶったかのようなハゲ頭があらわになってしまった。

実は、平安・鎌倉時代の貴族にとって、冠を外した状態は裸より恥ずかしく、性行為中も冠だけはしていたことが『稚児草子』などの絵巻物からうかがえます。

なのに元輔は、そんな恥ずかしい状態のまま、しかもハゲ頭をさらしつつ、冠を渡そうとした馬の口取りを制したばかりか、

「夕陽が差して、頭はきらきらと輝いている。きわめて見苦しいことこの上ない」（〝夕日の差たるに、頭《かしら》は鑭々《きらきら》と有り。極《いみじ》く見苦《みぐるし》き事限りなし〟）

という姿で、集まった見物人を前に演説を始めます。

「公達はこの元輔が馬から落ちて冠を落としたのを馬鹿だと思っておられるか。それは間違っている。気働きのある人ですらつまずいて倒れるのは常のこと。まして馬は気働きはない。しかもこの大路は石がきわめてでかい。手綱を強く引いているから、馬は行きたいほうに行けず、あっちへ引いたりこっちへ引いたりすることになる。それで心ならずも倒れた馬を悪く思う理由はない。また、儀式用の唐鞍《からくら》というのは平だ。支えがないのだ。だから馬がつまずけば落ちる。当たり前のことだ。また冠というのは、紐で結わえて引っかけてかぶるものではない。髪を中に入れて固定させるものだ。ところが私の鬢《びん》はすっかりなくなって髪がない。だから落ちる冠を恨む筋合いはない。先例もある」

と、いつ誰それが冠を落としたという前例を並べ立て、

「だから事情も知らぬ若い者がこれを笑うべきではない。笑う公達のほうがかえって馬鹿であろう」

と、車一つ一つに言って聞かせたのです。そうして初めて、

「冠を持って参れ」

と大声で従者に命じたので、見る者は一同、爆笑したといいます。これを見た馬の口取りが、

「馬から落ちたらすぐ冠をおつけになればいいのに、なぜ長々としょうもないことをおっしゃるのです」

とブー垂れたところ、元輔は言いました。

「馬鹿なことを言うな。こうして道理を言って聞かせれば、以後、この公達は笑わぬようになるだろう。でないと、口さがない公達は永遠に笑うだろうよ」


いかがでしょう?

年を取って怒りっぽくなる男は多くても、愉快なじじいは意外に少ないのではないか。同じ『今昔物語集』には、紫式部の父が紅涙を絞って苦学の甲斐もなく任官に漏れたという漢詩を天皇に捧げ、ポストを得た話もあります（巻二十四第三十）。片や涙、片や笑いで人の心をつかむ、二人の大作家の父親の印象的なエピソードではあります

が、どちらに心惹かれるかといえば、私は清少納言の父です。

人を泣かせたり怒らせたりするのは案外簡単です。けれど人を笑わせるというのは高度な知恵と知識、人柄が備わっていないと難しい。年を取って頑固になり、客観性を失っていけば、ボケや失敗に対して失笑はされるかもしれませんが、満座の笑いを取るというのは、若いころよりもさらに難しいのではないでしょうか。

元輔が死ぬのは八十三歳で、清少納言は彼が五十代後半のころに生まれた子とも言われます。こんなじじいを父に持った彼女が羨ましいです。

笑いの力を信じた落語の元祖じじい　安楽庵策伝

平和な時代には怪談、戦乱の世には笑い話が流行ると、古典文学を読んでいると感じます。

江戸時代に怪談が流行したのは、安全地帯にいて恐怖をエンタメ化しようという潮流の表れではないかと考えます。

逆に、陰惨な乱世や暗い時世では、人々が笑いを求め、笑い話が最高のエンタメとなるであろうことは想像に難くありません。

安楽庵策伝《あんらくあんさくでん》（一五五四～一六四二）は、戦国の世を、笑い話で明るくした落語の元祖と言われています。

策伝は名門・土岐氏の流れをくむ戦国の武将、金森長近の弟と伝えられ（関山和夫『安楽庵策伝』。鈴木棠三校注『醒睡笑《せいすいしょう》』下巻の解説によるとこの「伝えには信じ難い点が多い」とも）、幼少時代に出家、紫衣勅許《しえちょっきょ》まで得た高僧です。

そんな策伝が笑い話を綴るようになったのは、その著『醒睡笑』の序によれば、七十歳で安楽庵に隠居してからです。

清少納言の父の元輔もそうですが、年を取って人を笑わせることは大変な教養とエネルギーを要します。

もちろん若いころからの蓄積があったればこそで、策伝は三十代まで説教僧として活躍していました（宮尾與男訳注『醒睡笑　全訳注』解説）。今も法話の面白い坊さんはいるもので、亡き瀬戸内寂聴先生などもその一人でしょうが、策伝もそんな話し上手のお坊さんだったのです。

策伝が京都所司代の板倉重宗の依頼によって笑い話を語り始めたのが元和元（一六一五）年、六十二歳のころ。『醒睡笑』の奥書によれば、同書八巻を重宗のもとに贈ったのは寛永五（一六二八）年ですから七十五歳の時です。その後も文人や大名と交流を続け、歌会を催すなど精力的な文学活動が続き、それは八十代になっても変わりませんでした。

仏教界に身を置いていたせいでしょう、『醒睡笑』には僧侶の男色や、その相手となる稚児の話も多々あります。

たとえば……教養ある人が山寺に行き、一、二夜泊まった時のこと。少年の中に美形がいて、〝古今《こきん》〟と呼ばれていた。

「今も昔も若衆道には二人とあるまいというような意味が込められているのかな」

と、名の由来を考えてみたが、分からない。そこで院主に尋ねると理由を言わないので、さらに聞いてみたところ、

「あの子の親はとんでもない〝大きん〟だったが、あれはそれに引きかえ、〝きん〟がいかにも小さいために〝小きん〟と付けたのでございます」

と（巻之六　推はちがうた）。

要は金玉が小さいからというのです。しかもこの院主、この少年の親の金玉の大きさまで把握しており、そちらは〝大きん〟だったと。つまり、この少年はもちろん、

その父親とも関係していたという、なんとも呆れた話なのでした。

私が好きなのは、七十近い婆が似合いの者のもとに輿入れする話です。

婆を牛に乗せて行く途中、邪魔な荷物があったので、婆の孫が牛に声を掛け、

「のいて通れ」

と言った。すると婆は、

「添うて通れ、と言うならともかく、のいてというのは不吉だ。今日は行かない」

と、嫁入りをやめた。それを語り手の策伝は〝興あり〟(面白い)と評するのでした(巻之六　恋のみち)。

七十という高齢で嫁入りに験《げん》を担ぐ婆が可愛いではありませんか。

嫁入りの介添えが孫というのも微笑ましい話で、室町時代から江戸初期にかけて作られた御伽草子には、七十歳ほどの尼が花嫁に化けて同年配の法師のもとに押し掛け婚する『おようの尼』という話もあり、この年代の結婚があり得ることとして語られるのも興味深いものがあります。

『醒睡笑』には、老夫婦の色恋話がけっこうあって、夫に先立たれた婆が、寝ても覚

めても爺に恋焦がれ泣いてばかりいるのを、隣の者が面白がって、「先日、善光寺へ行ったら死んだお爺さんに会いました」と言った。「どんな様子だった?」と婆が聞くので、「三途河《しょうずか》の姥《うば》と夫婦になって、女狂いしていましたよ」と、隣の者が言うと、真に受けた婆、杖を持って閻魔大王がまつられる十王堂に走り、「憎いばばあが、人の男を取ったのか」(〝あら憎《にく》のうばが、人の男を取りたるや〟)と、神像をたたきまくったというう落ちです(巻之六　悋気)。

これなどは、かつて法話をしていたころの経験がものを言っているという気がします。聴衆には老人もいたのでしょう。老人相手に老人を茶化す。なんだか漫談家の綾小路きみまろのようで、自身、老僧だった策伝の人生や考え方が反映されているに違いありません。策伝は八十九年の天寿を全うしたのでした。

14 八十過ぎて歌合参加の平安女流文学者たち

……すべてを手に入れた赤染衛門、リア充ばばあ大弐三位

八十代で歌合に出詠　赤染衛門

娘を天皇家に入内させ、生まれた皇子の後見役として一族が繁栄していた平安中期、大貴族にとって、優れた女房を娘に仕えさせることは、権力への大事な一歩でした。娘のもとに優れた女房がいると知ると公達が集まる→サロンが盛り上がる→天皇（東宮）の来訪が増える→セックスの機会が増える→皇子誕生→繁栄……ということにつながるからです。

この時期に、清少納言、紫式部、和泉式部、赤染衛門《あかぞめえもん》（九六〇以前〜一〇四一以後）といった才能あふれる女流作家がたくさん現れたゆえんです。

驚くのは彼女たちが意外に長生きだったりすることです。

しかも年を取るまで歌合に参加して歌を詠んでいたりする。

まぁ紫式部なんかは四十代で死んだと言われていますし、清少納言は六十くらいまでは生きていたと言われるものの落ちぶれてしまい、赤染衛門の家集には、清少納言の家に雪がひどく降って、境界の垣も倒れたという情景を詠んだ歌があります。時代が下ると落ちぶれ描写もエスカレートして、鎌倉時代の説話によると、老いて尼姿も男か女か分からないような状態で、兄弟の清原致信が源頼光らに襲撃された際、同宿していた清少納言も法師（男）と間違えられて殺されそうになったので、前を広げて“開《つび》”（女性器）を出し、尼（女）であることを示したともいいます（『古事談』巻第二—五七）。このあたりは、女の地位が低下した当時、和泉式部や小野小町といった、男をものともしない才女や美女の零落説話が盛んに語られたのと同趣の悪意ある作り話でしょう。

これらはいささか悲しい例ですが、老いて悠々自適、歌合にも呼ばれ……という人たちもいて、その代表格が赤染衛門です。

彼女は、清少納言や紫式部などと同時代の人で、日本初の歴史物語『栄花物語』の正編の作者と言われています。歌人としても有名で、百人一首には、姉妹に代わって詠んだ歌が採られています。

そんな彼女に、お堅い賢夫人というイメージを抱く人は少なくないのではないか……。

確かに彼女は、鎌倉時代の説話集では、藤原公任に辞職文を依頼された夫・大江匡《まさ》衡《ひら》（九五二～一〇一二）を助け、面目を施したエピソードが伝えられています（『十訓抄』七ノ九）。

何より同時代の『紫式部日記』では、赤染衛門が夫の名を取って、〝匡衡衛門《ゑもん》〟と、〝宮、殿などのわたり〟（中宮藤原彰子やその父・道長の周辺）で呼ばれていると記されることから、夫を支える良妻のイメージが高まったのでしょう。

が……和歌集や彼女の家集、平安時代の説話を見ていくと、そのイメージは少し違ってきます。

平安末期から鎌倉初期に成立したの『古本説話集《こほんせつわしゅう》』によると、彼女は〝心ならず〟も匡衡と結婚したものの、何かにつけて〝厭《いと》ひ〟遠ざけていました。それが匡衡が尾張守などになって富裕になったので嫌い通すことができず、子も生まれ〝幸人《さいわいびと》〟（幸運な人）と言われるようになったといいます（上五）。

つまり初めのうちは匡衡のことを嫌っていたというのです。

赤染衛門は当時の宮仕え女房の常で、複数の男とつき合っており、『後拾遺和歌集』巻第十五には、「赤染が右大将道綱と噂が立ったころ贈った」(〝赤染《あかぞめ》、右大将道綱に名立《なた》ち侍《はべ》りける頃《ころ》つかはしける〟)という詞書《ことばがき》のついた匡衡による嫉妬の歌や、赤染衛門の家集(『赤染衛門集』)には、彼女とほかの男との仲を疑って匡衡が詠んだ歌が載っています。中には、

「虫の血をつぶして身にはつけないまでも、思いの炎で染めた恋の初めの赤色を変えないで」(〝虫の血をつぶして身にはつけずとも思ひそめつる色なたがへそ〟)

なんて不気味な歌も。これは「いもりの血を女の手に付けて、男の留守中、貞節を守らせる」という中国の俗信を踏まえており(関根慶子ほか『赤染衛門集全釈』)、博識の匡衡ならではですが、その執着心は怖いものがあります。

平安末期の『今昔物語集』巻第二十四第五十二の説話によると、匡衡は「のっぽで怒り肩で〝見苦《みぐるし》〟かった」。そのため女房たちに笑われていました。そんな女房たちを匡衡は歌の才で黙らせるのですが、匡衡が女にモテるタイプでなかったのは確かです。

ここからすると〝匡衡衛門〟というあだ名も、匡衡がいつも赤染衛門にまとわりつ

いていたため、付けられたものではないか。

　そもそも高貴な人を実名で呼ぶことは避けていた当時、赤染衛門が夫の実名で呼ばれたのは彰子や道長といった大貴族の周辺です。彼らにとって受領《ずりょう》階級の匡衡は格下だからですが、それを同じ受領階級の紫式部が記しているのはいささか意地の悪さを感じます。


　こんなふうに初めのうちこそ渋々な結婚だったにしても、夫・匡衡は富裕となって子も生まれ、自身も歌人として名声を得た赤染衛門は長寿にも恵まれます。彼女の生没年は未詳なものの、妹ともども九六〇年までには誕生していたといいます（関根氏ほか前掲書）。そして長久二（一〇四一）年、つまり推定年齢八十代で「弘徽殿《こきでん》女御歌合」に三首歌を出詠、一勝一敗一引き分けの成績を残しています。勝ちとなったのは「恋」の題で、

　〝夢にだに見ばやと思ふに人恋ふる床にはさらにふされざりけり〟（せめて夢でなりとも見たいと思ってあの人を求めて寝たものの、全く眠ることができない）（『新編国歌大観』第五巻より、適宜、漢字を当てはめた）

と、恋の嘆きをうたっている。

老いても恋心やときめきが大事というのはよく聞く話。八十代でこんな歌を創り出し、勝ちを取っていく赤染衛門、カッコいいです。

八十ころに息子の代詠　紫式部の娘・大弐三位

平安時代の宮仕え女房は、出仕しながら妊娠出産、乳母に子を預けて働いたり、子連れで仕えたりしていました。生まれた子は幼いころから宮廷暮らしに馴れ、優秀な女房になっていくので、有名母娘が多い時代でもありました。

和泉式部と小式部内侍《こしきぶのないし》、赤染衛門と江侍従《ごうのじじゅう》といった母娘が知られていますが、中でも有名だったのが紫式部と娘の大弐三位《だいにのさんみ》（九九九ころ～一〇八二ころ）です。

大弐三位という呼び名は、夫の高階成章（九九〇～一〇五八）が大宰府の大弐（次官）になったのと、彼女が乳母をつとめた皇子（後冷泉天皇）が即位したため、従三《じゅさん》位《み》を授かったことによります。三位というのは貴族の中でも上流階級に属す位。受領と呼ばれる地方官僚で、五位止まりだった父・藤原宣孝《のぶたか》や、母方祖父の藤原為時と比べると、大変な出世をしたと言えます。通常、当時の女性の名は不明ですが、彼女は叙位を受けているため、賢子という本名も分かっています。

そもそも天皇家の乳母というのは、清少納言が〝うらやましげなるもの〟（『枕草子』）とした受領階級憧れのポスト。養い君が即位すれば、富も権力も思いのままでした。

そんな幸運を大弐三位が手にしたのは、母・紫式部の働きも大きいと私は考えます。皇子の乳母は複数選任され、「誰々の娘」と記録に残されますが、通常はこの「誰々」の部分には父親の名が入ります。ところが大弐三位だけは〝紫式部〟の娘と記されている（『栄花物語』巻第二十六）。もとより彼女の父は早くに死んでいるものの、彼女が乳母に任命された一〇二五年当時、紫式部も故人です。逆にこの記述から存命説もあるとはいえ、たとえ故人であっても紫式部の娘だからこそ天皇家の乳母に抜擢された、と私は考えています。あのデキる女の娘だから安心だ、ということでしょう。

この大弐三位は、母の紫式部とは良い意味で正反対と言えるような人生を送っている。

彼女の生涯は一言でいえばリア充です。

その家集（『大弐三位集』）を見ると、夫の高階成章のほか、藤原公任の子の定頼、道長の正妻・源倫子の甥の源朝任、道長の子の頼宗とも関係を持っている。

そもそも彼女が天皇家の乳母になったのは、〝左衛門督《さゑもんのかみ》〟（関白道兼の子の兼隆）の子を生んだからでした（『栄花物語』巻第二十六）。皇子誕生のタイミングで、お乳の出る身となっていたためで、この時、賢子二十七歳ほど。高階成章の正妻となって、為家を生んだのは四十歳ころのことです。

有名女房とのつき合いも積極的で、家集にはかの和泉式部との歌の贈答もあります。和泉式部の才能を認めながらも、〝けしからぬかた〟（とんでもないところ）があるとか、気後れするほどの歌詠みとは思えぬと日記に陰口を書いた母とは大違い。関係した男の数も、夫のほかには主人の道長くらいだった母とは大違いです。

最も母と違うのはすこぶる長生きしたことです。

四十代で死んだとされる紫式部と違い、大弐三位は約八十四歳という長寿を全うしました。

しかも八十ころになっても歌合に歌を出詠している。

承暦二（一〇七八）年四月三十日の「内裏後番歌合」で、〝為家母〟として「七夕」の歌を詠んでいるのです。

歌合というのはご存じのように、左右に分かれて同じ題で歌を詠み、勝敗を競うものなのですが、この内裏後番歌合というのは、同年四月二十八日に行われた歌合に納得のいかない右方の人々を中心に開催されたものです。

なので、内裏歌合よりメンツは少なくなっている。そして、大弐三位は、本来参加すべき息子の高階為家の代わりに歌を出詠しています。つまり息子の代詠です。当時、代詠というのは普通に行われていたことで、先の赤染衛門の、

〝やすらはで寝なましものをさよふけてかたぶくまでの月を見しかな〟(ためらわずに寝れば良かったのに、夜がふけて西に傾くまでの月を見たよ。あなたが来ないと分かっていたらこんなに待ちはしなかった)

という百人一首に採られた歌も、姉妹の代わりに詠んだものです。

大弐三位は約八十歳で、息子の代理を果たしているんですから大したものではありませんか。ただしその歌は、

〝たなばたの雲の衣もまれにきて重ねあへずや立ちかへるらむ〟(棚機姫は、雲の衣もまれにしか着ないのに、牽牛と十分衣を重ねぬままに帰っていくのだろうか)(『新編国歌大観』第五巻)

という、どうということのないもので、評価も〝持《ぢ》〟（引き分け）。

対戦相手は四十二歳ほど年下の大江匡房。赤染衛門の曾孫です。

夫の成章は、この歌合の二十年前に六十九歳で死んでいるとはいえ、〝欲大弐〟（『尊卑分脈』第四篇）とあだ名されるほどの強欲さで蓄財に励んでいたし、もとより大弐三位自身、天皇の乳母の経験者として信任は厚いし、歌人としても現役ではあるし、悠々自適の晩年を送ったことは間違いありません。

15 こじらせの天才馬琴、八十過ぎて大活躍の京山、執念の出版と遺書執筆の牧之
……「こじらせじじい」たちの三つ巴

創作のピークは八十過ぎ、馬琴とバトルの遅咲きじじい山東京山

「こじらせ女子」ということばがありますが、最近、私は「こじらせじじい」もしくは「こじらせばばあ」というのもいると感じています。

雨宮まみが創出した「こじらせ女子」は自分に自信がないことから、コミュニケーションもうまくいかず、生きづらさを感じるという、自己完結型のトーンがありますが、「こじらせ爺婆」は、年を取り、認知の歪みも加わりながら、自意識過剰、承認欲求莫大な自己ゆえに、自身とも周囲とも折り合いがつかず、生き方も人間関係もこじらせていくのです。

その意味で、江戸時代の曲亭馬琴（一七六七〜一八四八）は偉大なこじらせじじい

です。そこに、山東京山《さんとうきょうざん》（一七六九〜一八五八）と鈴木牧之《ぼくし》（一七七〇〜一八四二）が絡むことで、このほぼ同世代のじじいが三つ巴になって、絡まった糸ならぬ綱のようになってしまう。

と、その絡まり具合に触れる前に、まず山東京山について説明すると、彼は、有名な戯作者・山東京伝《きょうでん》（一七六一〜一八一六）の弟で、兄の死後、七十四歳の時に書いた『朧月猫草紙《おぼろづきねこのそうし》』という作品がヒットして、九十で死ぬまで書き続けたという、まさに「遅咲きじじい」です。

『朧月猫草紙』は猫好きで有名な歌川国芳《くによし》（一七九七〜一八六一）の画が愛らしい、今で言う漫画や絵本に近いもの。近ごろ耳の遠くなった作者である京山のもとに、三毛村の猫又橋の医者というのが現れて（絵を見ると顔は猫。国立国会図書館蔵）、猫背・猫なで声で、

〝良き薬あり〟

と言って、あやしい処方を授けてくれる。京山が言われた通りにすると、以来、猫のことばが人語のように理解できるようになった。それで猫の話を聞いて書いたのが、この『朧月猫草紙』という設定です。

中身はばかばかしく、国芳の絵でもっているようなところがあるものの、その後も京山は本を書き続け、津田眞弓『江戸絵本の匠　山東京山』の年譜によると、七十六歳には『教訓乳母草紙』（初編）、七十八歳には『教草女房形気《おしえぐさにょうぼかたぎ》』（初編）、『蜘蛛の糸巻』、七十九歳で『歴世女装考《れきせいじょそうこう》』『琴声美人録《きんせいびじんろく》』（初編）、八十八歳で『茂睡考《もすいこう》』、八十九歳で『娘庭訓金鶏《むすめていきんこがねのにわとり》』（初編）を出す（脱稿は八十八歳）というふうに、高齢社会の現代作家にまさるとも劣らぬ量産ぶりで、九十歳でコレラにかかって死ななければ、まだまだ元気に書いていたに違いありません。

馬琴のせいでイメージ・ダウン？

そんな京山のイメージは実は長らく悪いものだったといいます。

それは、『南総里見八犬伝』で名高い曲亭馬琴が「立腹しながら評した京山のイメージが一人歩きすることになった」（津田氏前掲書）ためらしい。

兄の京伝死後、京山が、残された兄嫁と衝突したことが、馬琴によって悪し様に伝えられ、「京伝の家を乗っ取ったという含みをもって馬琴が描いた京山像」（同前）が現在まで、幾度となく引用されることで、「不必要に人間的に矮小な京山像が形成されてしまった」（同前）というのです。

たしかに馬琴の『伊波伝毛乃記《いはでものき》』を読むと、京伝死後、京山が妻子を連れて京伝宅に移り、物置の別室を掃除して兄嫁をそこに入れ、あげく兄嫁は翌年正月、〝狂死〟したというから尋常ではありません。ただ、兄嫁は京山の死後から言動もおかしく、〝狂女の如し〟という状態で、その死にしても〝先妻の祟ならむ歟〟と、京山の仕打ちによってではなく、京伝の先妻の祟りが招いたように記されています。

京伝の店を京山が継ぎ、その名を京山の長男（のちに勘当され、長女が家督を継ぐ）が継いだというのも「乗っ取り」に見えるとはいえ、京伝に子がない上、兄嫁の精神状態がそんなでは、京山の行動もやむを得なかった気もします。

しかし京伝に世話になった馬琴の目には、京伝の愛した妻を死に追いやり、遺したものをかすめ取ったかのように映り、京山が、ゆるせぬ存在となっていったのでしょう。

京山と馬琴の確執は、ある本を巡ってさらに決定的になります。

鈴木牧之の『北越雪譜《ほくえつせっぷ》』です。

牧之というのがまた強烈な人で、あとで詳しく説明しますが、越後の魚沼郡塩沢に生まれた商人の牧之は、二十代のころから越後の暮らしや奇談を絵入りでまとめた本の出版を志していました。けれど田舎住まいで出版事情にうといため、当時、売れっ子だった江戸の山東京伝に出版を依頼します。今でも、作家志望者が有名作家や版元に売り込みに行くということがありますが、牧之もそういう手に出たのです。

しかし出版には多額の金がかかると分かり、今度は馬琴にも相談、やがて京伝が死ぬと、馬琴は牧之のために自著でその名を宣伝してやるなど骨を折ります。が、馬琴自身の本業も忙しく、時が経ち、牧之はとうとう六十歳を越えてしまいます。

そんな天保元（一八三〇）年、京山が牧之に出版の申し出をします（宮栄二監修『校註北越雪譜』解説）。

京山としては、牧之の出版を手伝おうとした兄・京伝の思いを実現したいという気持ちだったのでしょうが、このことが馬琴との不仲に拍車を掛け、馬琴は牧之の送った草稿を返さなかったため、

「牧之は五度目の原稿をかき直さねばならなかった」（同前）

という苦労をすることになります。

それでも天保八（一八三七）年、京山やその次男で絵師の京水の協力を得て、晴れ

て牧之の『北越雪譜』の出版が実現。

時に牧之は六十八歳。京山は六十九歳、馬琴は七十一歳、という立派なじじいの年齢に達していました。

二十代から本を出したいと願い続けた鈴木牧之の壮絶人生

さて、三爺たちの三つ巴の戦いの核となった鈴木牧之です。

私が彼の名を知ったのは今から四十年以上前の十八歳の時。中高生時代から日本民俗学にはまっていた私は、大学生になるとますますその世界にのめり込んで、野島出版という地方出版社から出ている『校註北越雪譜』を手に入れました。言うまでもなく、京山が出版に尽力した牧之の本で、雪国の色々なエピソードが絵入りで描かれている。犬七頭分もあろうかという大熊に助けられた男の話、越後縮《ちぢみ》と呼ばれる魚沼の名産品にまつわる話、その年の豊凶を雪崩で占う話、山ことばについて等々、見たこともないのになつかしい気がして、牧之が秋山郷について書いた『秋山紀行』も購入して読むなど、しばらく牧之づいたものです。

が、その時は知りませんでした。

まさか牧之が四十年近い悲願の末に、これらの本を出したということを。本の解説にも、そのようなことは書いてあったものの、当時それ以上詳しく調べることはしなかったのです。

それが今回、山東京山のことを書くために色々調べ、『鈴木牧之全集』下巻に収められた書簡集や、上巻所収の遺書などを読むにつれ、その壮絶としか言いようのない七十三年の人生にすっかり魅了されてしまいました。

越後の魚沼郡塩沢の富裕な商家に生まれた牧之は、父も俳号を持つなど文化的な環境に恵まれ、二十歳で家業を任されたあとも、仕事はもちろん、学問や好きな絵に励む努力家でした。一方で、二十三歳の初婚から七十三歳で死ぬまで六度の結婚をするなど、私生活は波乱に富んでいました。もっとも二度三度の離婚再婚は当時はありがちで、京山も少なくとも三度の結婚をしていますし（高田衛監修、高木元編『山東京山伝奇小説集』解題）、『東海道中膝栗毛』の十返舎一九や、小林一茶も三回結婚しています（拙著『本当はひどかった昔の日本』）。女のほうも子連れで再婚するのはありふれたことだったのですが、牧之のように六度というのはさすがに多い。もちろん死別も含まれますが、妻が家出をしたきり帰って来ないというケースもあり、これはあとで触れるように、あまりに細かい牧之の性格が災いしていたのかもしれません。

そんな牧之は、二十代のころから江戸の山東京伝、曲亭馬琴といった売れっ子作家と文通を始め、後年『北越雪譜』と名づけられることになる本を、出版したいという野心を抱いていた。

それで二十九歳の時に、京伝に原稿や絵を送るものの、なかなか本にはなりません。その後も、大坂の絵師・岡田玉山、江戸の絵師・鈴木芙蓉が引き受けてくれたものの、京伝も玉山も芙蓉も死んでしまった。そこへ救いの手を差し伸べたのが、かねてから『北越雪譜』に興味を示し、亡き京伝とも親しかった馬琴というわけで、この時、牧之はすでに四十八歳になっていました。

が、ここからまた一波乱あるのです。

以下、天保七(一八三六)年十二月、中風(脳卒中)に倒れた六十七歳の牧之が自らまとめた「滝沢馬琴書簡集」冒頭の「子孫に示す」(『鈴木牧之全集』下巻所収)から引用しながら、いきさつを説明すると……。

馬琴に原稿を送り、引き受けてくれてから十余年の歳月が過ぎ、牧之は六十、馬琴は六十三歳になってしまった。それで牧之が出版を〝催促〟したところ、馬琴は、「別の誰へなりとも頼んでくれ」（〝何方へても別人に頼み呉〟）と言う。途方に暮れた牧之によれば〝詮方なう〟京山に頼むことに。そして、以前、馬琴に送った大事な原稿を「残らず返してください」と頼んだところ、先にも記したように馬琴は原稿を返してはくれなかったのでした。

天才・曲亭馬琴の「こじらせ」

亡き京伝の嫁の死などを巡って犬猿の仲となっていた馬琴と京山がますます不仲になっていく中、京山と組んだ牧之は二人の板挟みになって気苦労をしていたことが、「山東京山書簡集」（『鈴木牧之全集』下巻所収）からうかがえます。ちなみにこれも天保七（一八三六）年、牧之が六十七歳の折に自身で編集したもので、巻頭の「児孫〈ママ〉に示す」によると、同年、京山が息子の京水を連れてはるばる江戸から牧之に会いに来たことが記されている。その時、中風が出た牧之は、接待を娘婿の牧山（勘右衛門）に託し、病後のつれづれに京山との書簡をまとめたこと、同年配の京山が、白髪もなく、目も良く、上下の歯が真っ白なのにひきかえ、自分は白髪頭で歯は一本もなく、耳も聞こえない。それを京山は「いやいや、耳の遠い人は長寿ということわざもある」（〝いや〳〵聾の者は長寿ノ諺〟）と言ったといい、京山のそつのない性格を浮き彫りにしています。

そして京山の娘が奉公先の長州藩主毛利氏の寵愛を受け、京山も三百石を下賜されたことを伝え、

「女と坊主は、氏素性は関係なしに玉の輿に乗るとは、これを言うのだろう」（〝女と坊主ハ氏なくして玉ノ輿に乗るとハ、是等をいわむ〟）

と、コメントしています。

ともあれ牧之は、この京山のおかげで、天保八（一八三七）年、六十八歳にして、二十代のころからの悲願だった雪国の本『北越雪譜』の出版にこぎつけます。

ところが出版寸前になって、またも馬琴が出てきます。

『北越雪譜』の『雪譜』というのは自分が考えた！　盗んだ！　と文句を言い出したのです。以下、津田氏の前掲書や森山武『雪国を江戸で読む――近世出版文化と「北越雪譜」』を参考にいきさつを説明すると……。

馬琴は牧之の本のタイトルを『越後雪譜』としていました。京山は『北越雪志』と名づけたのですが、版元の販売担当から「雪志より雪譜のほうが名も知られているし、響きもいい」というので、『北越雪譜』になった。何やら今の出版界でもありがちなタイトル決めのいきさつで、馬琴もいったんはそれを了承していたのに、いざ出版という段になって、京山に抗議してきたのです。結局、京山はそれを押して『北越雪譜』に決定したわけですが、先にも書いたように、馬琴は牧之の草稿も返さずじまいでした。しかも、京山のもとに馬琴から牧之宛の荷物が届いたので、てっきり牧之の草稿を返してきたのかと思いきや、馬琴の亡き長男・宗伯の遺稿が入っていた。それをおよそ十枚ばかり読んだ京山は、

「かの人は老年だけれど編筆を執っては鬼神である。よくも書いたものだ。実に感心いたし、私などはとうてい比較にならない。彼の凄さには及ばない」（〝かの人老年なれども編筆をとりてハ鬼神也。よくも書たり、実に感心いたし私など中〳〵三舎を避べし。およバざる事也〟）（『鈴木牧之全集』下巻「山東京山書簡集」）

と感心した、と牧之への手紙に書き綴ります。一方で、文才のある長男を放置していたくせに、死んだあとになって、誤りだらけな文章を訂正もせず写本として世に伝

えようとするとは〝親の無慈悲〟と、息子の才能を埋もれさせたまま死なせてしまった馬琴を非難しています。

京山は馬琴の天才ぶりを認めながらも、父親失格、と怒っているのです。

馬琴については前作『くそじじいとくそばばあの日本史』で、老妻にとって決して良き夫ではなかったことを書きましたが、息子に対しても同様だったのでしょう。周囲への振る舞いといい、家族とのつき合い方といい、馬琴が三爺の中でいちばんこじらせている気もします。そもそも京山に、亡き息子の遺稿を見せてどうするつもりだったのか……。

この三爺を見ていると、互いに才能を求め合いながらも、歩み寄れない人間の悲喜劇のようなものを感じて考えさせられます。

約四十年の歳月を越え、実現した牧之の悲願

それにしても、牧之、越後の田舎で「本を出したい!」と思ってから約四十年ですよ。

もしも五十六十で死んでいたら、出せないまま終わっていたんです。

六十七歳の時には中風で言語や歩行が不自由になりながら、よくぞ六十八まで生きて出版にこぎつけたものです。

長生きの効能、ここに極まれり。

本が出た時の喜びを、牧之は羽前国長井の豪家佐々木宇喬・大貫李関に宛てた天保八（一八三七）年の手紙でこう語っています。

「四十年来ずっと思い続けていた大願が成就しました。今死んでもこの世に思い残すことはなく、後代に愚名を残せることは、実に大慶の極みでございます」（〝四十年之心掛、大願成就、今死んでも此世に思ひ残す事無之、後代へ愚名を残し、大慶仕候〟）（『鈴木牧之全集』上巻）。

四十年間、江戸や大坂の文化人と文通していて良かったね、馬琴に付け届けしたり、京山に編集料を払ったり、越後で接待したりしたことは無駄ではなかったねと、読んでいるこちらまで嬉しくなってきます。

しかもこの本が売れて、第二弾を出してください！　となるんですから、牧之の嬉しさはいかばかりか。

続編（二編）を綴った牧之は、天保十一（一八四〇）年、七十一歳でそれを完成させます（出版は翌年以降）。そして天保十三（一八四二）年四月十七日、交友のあった小千谷の縮商・吉沢二松に宛てた手紙には、続編の二冊はできたし、残りも遠からず開版するだろうから、「死に花を降らせます」（〝死に華ヲ降らせ候〟）（『鈴木牧之全集』上巻）

とあって、続編の完成が近いことが分かります。この手紙から約一月後の五月十五日、牧之は七十三年の生涯を閉じます。続編の残り三冊が売り出されたのは同年、牧之の死後のことでした。

「家族は俺が死ねばいいと思っている！」

と、ここまで、いかに牧之が出版に向けて情熱を注いでいたかにフォーカスしてきました。

私がさらに注目したいのは、出版だけにとどまらない牧之の凄まじい情念です。

牧之は中風に倒れたあと、『北越雪譜』の続編を書いていたのと同じ天保十（一八三九）年、七十歳で「遺書」を書き始めます。

それが『鈴木牧之全集』上巻に収められているのですが、これがそんじょそこらの遺書ではないのです。

天・地・人の三巻、約七万字にも及ぶ膨大さで、内容は娘婿として家を継いだ勘右衛門に向けられた恨みつらみがほとんど。

「当正月下旬、いつもの私の癖で、世話事をわずかに申しましたところ、『お前が出て世話を焼くと、渡世の妨げになる』と」(〝当正月下旬、例の予癖にて、世話事纔《わづか》に申候処、おまへが出て世話を焼くと渡世の妨《さまたげ》に成ると〟)

ということばからいきなり始まります。

誰が言ったのか、文脈から婿の勘右衛門であることが分かります。

牧之は中風になって以来、二階に引きこもっていたものの、一日に四、五度、一階に降りると、雑然としたままになっているものが目に入る。几帳面な性格から、下女や下男に言い付けて片づけさせると、「渡世の妨げになる」と言われるというのです。

こんなふうに婿と反目することが日常となって、自分は仕事が癖で、手仕事の傍ら、中風で震える手ながら書き物のほかにも、紙細工や書簡の裏打ちなども皆、自分でやるけれど、婿は二階へ手伝いにも来ず、見舞ってもくれない。

三月上旬、娘のお桑《くわ》(おくわ)に「勘右衛門もたまには来てくれればいいのに」と言うと、「お前にさんざん叱られたから、それで来ない」と言う。

けれど自分は勘右衛門を叱ったりいじめたりはしていない、ただ昔からの癖で朝飯の箸を置くや否や、すぐさま仕事の雑帳を見て、前日にし残したことを片端からやる、六十の夕べまで粉骨砕身して田畑も父から相続した五十石を百石以上にし、家や土蔵も建て、家財道具も増やした。なのに、勘右衛門は帳簿も見せてくれない、自分に何の相談もない、自分は両親在世の折、一度言われたことは一生忘れず……といったことが延々と書いてあって、しばしば文脈が乱れながら、

〝一日もはやく死んで呉れバ能いと思ふてハ〟(天巻)

〝只々予を邪摩〈ママ〉にして早く死んで呉れば能いと常々思ふかして〟(同)

〝家内揃ふて一日も早く死んで〳〵と思ふべし〟(人巻)

と、娘夫婦、否、家族全員に早く死ねと思われているといったことが、父母の思い出をまじえながら綴られている。

極めつけは、孫の大蔵が小さいころ、無芸では気の毒であるからと絵を習わせて、筆や絵刷毛の持ち方を教えていたところ、婿は息子の大蔵をさんざんに打擲し、大蔵が泣きわめいたという一件です。

「あれほどやかましい祖父様から絵を習う必要はない」

と言って、婿が大蔵を叩く。それは私のはげ頭を叩くも同然と、牧之は言いつつ、〝実ハ其朝〟と、朝の出来事を綴ります。婿の勘右衛門が飯を食う時に、

「おらは遊んではいない」

といつもの癖で言ってきたので、

「仕事というものは一寸しても仕事、一丈しても仕事、仕事」（〝仕事と云ふ者ハ一寸しても仕事、一丈しても仕事〳〵〟）

と言いながら二階へ昇った。すると勘右衛門、何を思ったか、二階へ荒ぶる阿修羅のような形相でやって来て、絵具皿、絵筆等を〝瓦隋《がはた》〳〵〟（がばがば）と下へ持って降りて、炉端の横に並べ、

「さあこれからお前が亭主になれ。俺はこれから二階で隠居する」（〝サア是からおまへ亭主に成レ、ヲレハ是より二階へ隠居〟）

と大声で怒鳴り、その声が町内に響き渡り、いたたまれぬ気持ちで謝っても聞き入れない（天巻）。

そんなことがあったのでした。

この一件はよほどショッキングだったようで、紹介した天巻のほか、地巻の末尾でも語られており、そこでは、勘右衛門が二階の絵道具を〝ぐわり〱と下へ投げ落し〟と、より激しいトーンになっています。

孫の大蔵は一八二〇年生まれですから牧之が遺書を書いた一八三九年当時、二十歳です。この一件は彼の〝童蒙の頃〟（天巻）〝十才位の時〟（地巻）といい、牧之もまだ六十で中風に倒れていなかったとはいえ、老いの果て、悔しく思い出されたのでしょう。牧之が気の毒でなりませんが、「遺書」のくどさ、渋紙作りがどうのこうのといった細かさを見ると、牧之を嫌う婿の勘右衛門の気持ちも分からなくはない。

勘右衛門が二歳年上のお桑の夫として鈴木家に婿入りしたのは十八歳の時です。以来、できすぎる舅の牧之に頭を押さえつけられていたことは想像に難くありません。

なにしろ牧之、「自分の性格は、常々、明日の仕事も前日に回し、来月の仕事は今月に」（〝予性質常々翌《あす》の仕事も前日に繰廻、来月の仕事ハ今月に〟）（『夜職草《よなべぐさ》』）と称するような人間です。

牧之はなまじ自分が何でも器用にできてしまうだけに、勘右衛門がなまけているようにしか見えず、それが言動の端々に見えるものだから、勘右衛門も爆発したのでしょう。「おらは遊んではいない」という彼の口癖も、いつも牧之にそういう目で見られていたからこそ出てきたことばに違いありません。

いずれにせよ、跡継ぎとなった娘夫婦がこんな態度のせいか、〝孫子等〟までも自分の言うことを聞かない、と牧之は訴えます。そんな親族らに向けてでしょう、「とにかく私を邪魔にして早く死ねばいいと少しでも思う時には、必ず神罰が下るだろう」（〝兎角予ヲ邪摩〈ママ〉にして早く死ねば能きと少しも思ふ時にハ、必神罰有るべし〟）（地巻）

と脅し、親族への宛名書きと共に、

「絶対に反古《ほご》にしないように、三拝してお願い申し上げます。万一失念すれば、何度生まれ変わってもお恨み致します」（〝必々反古ニ致し被下間敷、三拝して奉希上候。万一失念候へバ生々世々の御怨ニ御座候〟）（人巻）

と、締めくくっています。

家族で苦労する三爺

こうして見ると、京山、馬琴、牧之、皆、家族で苦労しています。

娘は玉の輿に乗り、末子は絵師として共に牧之の『北越雪譜』の出版に尽力、順風満帆に見える京山も天保二（一八三一）年、六十三歳の時、兄・京伝の名を継いだ長男を勘当していますからね。その長男は十九歳から二十三歳になるまでの四年間で、二百両もの大金を使い捨てたというのです（津田眞弓『江戸絵本の匠　山東京山』）。六十九歳という高齢になって一人息子に死なれ、老妻に手こずった馬琴（娘は三人います）といい、親であることは、創作活動以上に、ある意味、大変です。

だけど……と、私は思うのです。

それでも長生きした者勝ちじゃないか、と。

牧之が一人二階にこもって「遺書」を書き終えたのは天保十（一八三九）年七月十七日のこと。中風で不自由となった身ながら、一方では『北越雪譜』の続編を書き、その一方では新書一冊分にも及ぶ家族への恨みを、一月下旬から半年足らずで書き終えたエネルギーには驚かされます。このエネルギーがあったればこそ、多忙な家業の中、「本を出したい」という二十代からの夢を諦めることなく、私生活では六度の結婚も果たしたのでしょう。

馬琴、京山も同様です。

牧之が言語身体不自由な中、『北越雪譜』続編を完成させたのが七十一歳、馬琴が失明しながらも亡き息子の嫁の手を借りて『南総里見八犬伝』を完成させたのが七十五歳、京山が最後の作品を書いたのが九十歳の時のことです。

現代人の定年をはるかに越える年齢ですよ。

三人のこじらせじじいの生涯をたどっていくと、やった者勝ち、言った者勝ち、長生きした者勝ち、という気持ちがふつふつと湧いてきます。

長生きリスクと言いますが、長生きは今も昔もいいことばかりじゃない。むしろ苦しみが引き延ばされ、強調されるようなところもあります。自分のカラダも子どもも思うに任せず、「皆、自分が死ねばいいと思っているのか」と孤独にさいなまれる日々も増えてきます。

けれど、リスクも大きくなる代わり、チャンスも少し広がる……と、こじらせじじいたちの「成果」を見ていると、小さな希望が芽生えてくるのです。

※主な参考文献については本文中にそのつど記した。

※参考原典／本書で引用した原文は以下の本に依る。

永積安明校注・訳『徒然草』……『方丈記・徒然草・正法眼蔵随聞記・歎異抄』 新編日本古典文学全集 小学館 一九九五年

渡辺守邦校注『大坂物語』……『仮名草子集』 新日本古典文学大系 岩波書店 一九九一年

永原慶二監修／貴志正造訳注『全譯吾妻鏡』一～五・別巻 新人物往来社 一九七六年～一九七九年

赤堀又次郎解説『東照大権現祝詞』（非売品）……Hathi Trust Digital Library
https://babel.hathitrust.org/cgi/pt?id=keio.10810635461&view=1up&seq=1

『魏志倭人伝』（『三国志』「倭人」）・『後漢書』倭国伝・『隋書』倭国伝……藤堂明保・竹田晃・影山輝國全訳注『倭国伝』 講談社学術文庫 二〇一〇年

佐伯有清編訳『三国史記倭人伝 他六篇』 岩波文庫 一九八八年

井上光貞・関晃・土田直鎮・青木和夫校注『律令』 日本思想大系新装版 岩波書店 一九九四年

青木和夫・稲岡耕二・笹山晴生・白藤禮幸校注『続日本紀』二 新日本古典文学大系 岩波書店 一九九〇年

山中裕・秋山虔・池田尚隆・福長進校注・訳『栄花物語』一～三 新編日本古典文学全集 小学館 一九九五～一九九八年

小島憲之・直木孝次郎・西宮一民・蔵中進・毛利正守校注・訳『日本書紀』一～三 新編日本古典文学全集 小学館 一九九四～一九九八年

植垣節也校注・訳『風土記』 新編日本古典文学全集 小学館 一九九七年

市古貞次校注・訳『平家物語』二 日本古典文学全集 小学館 一九七五年

松尾聰・永井和子校注・訳『枕草子』 新編日本古典文学全集 小学館 一九九七年

岡見正雄・赤松俊秀校注『愚管抄』 日本古典文学大系 岩波書店 一九六七年

『吉見系図』 国立国会図書館デジタルコレクション https://dl.ndl.go.jp/info:ndljp/pid/769762/129

増補「史料大成」刊行会編『中右記』一 増補 史料大成 臨川書店 一九六五年

東京大學史料編纂所編『中右記』二 大日本古記録 岩波書店 一九九六年

今川文雄訳『訓読明月記』一〜六 河出書房新社 一九七七年〜一九七九年

阿部秋生・秋山虔・今井源衛校注・訳『源氏物語』一〜六 日本古典文学全集 小学館 一九七〇年〜一九七六年

倉本一宏全現代語訳『権記』上 講談社学術文庫 二〇一一年

『小右記』1 国立国会図書館デジタルコレクション https://dl.ndl.go.jp/info:ndljp/pid/949530/1

『椿葉記』『看聞日記』……横井清『室町時代の一皇族の生涯 『看聞日記』の世界』 講談社学術文庫 二〇〇二年

『椿葉記』 国立国会図書館デジタルコレクション https://dl.ndl.go.jp/info:ndljp/pid/1879433/72

橘健二・加藤静子校注・訳『大鏡』 新編日本古典文学全集 小学館 一九九六年

木村正中・伊牟田経久校注・訳『蜻蛉日記』……『土佐日記・蜻蛉日記』 新編日本古典文学全集 小学館 一九九五年

山口佳紀・神野志隆光校注・訳『古事記』 新編日本古典文学全集 小学館 一九九七年

齋木一馬・岡山泰四校注『三河物語』……『三河物語・葉隠』 日本思想大系 岩波書店 一九七四年

西宮一民校注『古語拾遺』 岩波文庫 一九八五年

鈴木日出男・山口慎一・依田泰『原色小倉百人一首』 文英堂 一九九七年

川村晃生・柏木由夫校注『金葉和歌集』……『金葉和歌集・詞花和歌集』 新日本古典文学大系 岩波書店 一九八九年

福井貞助校注・訳『伊勢物語』……『竹取物語・伊勢物語・大和物語・平中物語』 日本古典文学全集 小学館 一九七二年

小島憲之・木下正俊・佐竹昭広校注・訳『萬葉集』一　日本古典文学全集　小学館　一九七一年
『さしまくら』……白倉敬彦『春画に見る江戸老人の色事』平凡社新書　二〇一五年
『絵本開中鏡』下巻《ARC古典籍ポータルデータベース》 https://www.dh-jac.net/db1/books/results1280.php?f1=arcBKE2-0003&f12=1&enter=portal&lang=ja&max=1&skip=9&enter=portal&lang=ja
斎藤信訳『江戸参府紀行』平凡社　一九六七年
須藤十郎編『蝦夷草紙』東京経済　一九九四年
竹内照夫『礼記』上　新釈漢文大系　明治書院　一九七一年
加藤咄堂『啓発録』国立国会図書館デジタルコレクション https://dl.ndl.go.jp/info:ndljp/pid/1704231/1
『師談録』『杏林叢書』第三輯　国立国会図書館デジタルコレクション https://dl.ndl.go.jp/info:ndljp/pid/935251/3
暉峻康隆校注・訳『男色大鑑』……『井原西鶴集』二　新編日本古典文学全集　小学館　一九九六年
『麓の色』国立国会図書館デジタルコレクション『近世文芸叢書』第十所収 https://dl.ndl.go.jp/info:ndljp/pid/993463/21
鈴木棠三編注『耳袋』1・2　平凡社　一九七二年
中村幸彦・中野三敏校訂『甲子夜話』続篇5　平凡社　一九八〇年
三谷栄一・三谷邦明校注・訳『落窪物語』……『落窪物語・堤中納言物語』新編日本古典文学全集　小学館　二〇〇〇年
川端善明・荒木浩校注『古事談』……『古事談・続古事談』新日本古典文学大系　岩波書店　二〇〇五年
浅見和彦校注・訳『十訓抄』新編日本古典文学全集　小学館　一九九七年
中野幸一校注・訳『紫式部日記』……『和泉式部日記・紫式部日記・更級日記・讃岐典侍日記』新編日本古典文学全集　小学館　一九九四年
中村義雄・小内一明校注『古本説話集』……『宇治拾遺物語・古本説話集』新日本古典文学大系　岩波書店　一

九九〇年

久保田淳・平田喜信校注『後拾遺和歌集』　新日本古典文学大系　岩波書店　一九九四年

関根慶子・阿部俊子・林マリヤ・北村杏子・田中恭子『赤染衛門集全釈　私家集全釈叢書』　風間書房　一九八六年

馬淵和夫・国東文麿・稲垣泰一校注・訳『今昔物語集』三・四　新編日本古典文学全集　小学館　二〇〇一・二〇〇二年

「弘徽殿女御歌合」「内裏後番歌合」……「新編国歌大観」編集委員会『新編国歌大観』第五巻　角川書店　一九八七年

黒板勝美・国史大系編修会編『尊卑分脈』一～四・索引　新訂増補国史大系　吉川弘文館　一九八七～一九八八年

安楽庵策伝／鈴木棠三校注『醒睡笑』上・下　岩波文庫　一九八六年

南波浩校注『紫式部集　付 大弐三位集・藤原惟規集』　岩波文庫　一九七三年

『朧月猫草紙』　国立国会図書館デジタルコレクション
https://dl.ndl.go.jp/info:ndljp/pid/10303446/1

『伊波伝毛乃記』　国立国会図書館デジタルコレクション
『新燕石十種』第四所収
https://dl.ndl.go.jp/info:ndljp/pid/1088296/99

宮栄二監修／井上慶隆・高橋実校註『校註北越雪譜』　野島出版　一九七〇年

「遺書」「書簡」『夜職草』……宮榮二・井上慶隆・高橋実編『鈴木牧之全集』上　中央公論社　一九八三年

「滝沢馬琴書簡集」「山東京山書簡集」……宮榮二・井上慶隆・高橋実編『鈴木牧之全集』下　中央公論社　一九八三年

大塚ひかり
おおつか・ひかり
1961年生まれ。早稲田大学第一文学部日本史学専攻卒業。古典エッセイスト。『源氏物語』全訳六巻、『女系図でみる驚きの日本史』『エロスでよみとく万葉集　えろまん』『くそじじいとくそばばあの日本史』『うん古典　うんこで読み解く日本の歴史』など著書多数。

カバーイラスト　五月女ケイ子
カバーデザイン　鈴木大輔(ソウルデザイン)

ポプラ新書
222
くそじじいとくそばばあの日本史
長生きは成功のもと
2022年 3 月28日 第 1 刷発行
2022年 4 月21日 第 2 刷
著者
大塚 ひかり
発行者
千葉 均
編集
鈴木 実穂
発行所
株式会社 ポプラ社
〒102-8519 東京都千代田区麹町 4-2-6
一般書ホームページ www.webasta.jp
ブックデザイン
鈴木成一デザイン室
印刷・製本
図書印刷株式会社

N.D.C.210/190P/18cm ISBN978-4-591-17333-6
JASRAC 出 2200677-202

P8201222

生きるとは共に未来を語ること　共に希望を語ること

昭和二十二年、ポプラ社は、戦後の荒廃した東京の焼け跡を目のあたりにし、次の世代の日本を創るべき子どもたちが、ポプラ(白楊)の樹のように、まっすぐにすくすくと成長することを願って、児童図書専門出版社として創業いたしました。

創業以来、すでに六十六年の歳月が経ち、何人たりとも予測できない不透明な世界が出現してしまいました。

この未曾有の混迷と閉塞感におおいつくされた日本の現状を鑑みるにつけ、私どもは出版人としていかなる国家像、いかなる日本人像、そしてグローバル化しボーダレス化した世界的状況の裡で、いかなる人類像を創造しなければならないかという、大命題に応えるべく、強靭な志をもち、共に未来を語り共に希望を語りあえる状況を創ることこそ、私どもに課せられた最大の使命だと考えます。

ポプラ社は創業の原点にもどり、人々がすこやかにすくすくと、生きる喜びを感じられる世界を実現させることに希いと祈りをこめて、ここにポプラ新書を創刊するものです。

未来への挑戦！

平成二十五年　九月吉日　　株式会社ポプラ社